Franz/Mattes · Das Wichtigste zu WORD 5.5 unter MS-DOS 5.0

Dietrich Franz
Rüdiger Mattes

Das Wichtigste zu WORD 5.5 unter MS-DOS 5.0

GABLER

Die Deutsche Bibliothek - CIP-Einheitsaufnahme

Franz, Dietrich:
Das Wichtigste zu Word 5.5 unter MS-DOS 5.0 / Dietrich Franz; Rüdiger Mattes. - Wiesbaden: Gabler, 1992

NE: Mattes, Rüdiger:

Der Gabler Verlag ist ein Unternehmen der Verlagsgruppe Bertelsmann International.

Lektorat: Christiane Marcour

ISBN 978-3-409-19735-9 ISBN 978-3-322-91716-4 (eBook)
DOI 10.1007/978-3-322-91716-4

Vorwort

Die Autoren des vorliegenden Buches sind seit vielen Jahren in der kaufmännischen Berufsausbildung von Erwachsenen tätig. Das Buch ist das Produkt der dabei gewonnenen Erfahrungen. Die Lerninhalte orientieren sich sowohl an den Anforderungen der Praxis als auch an den Lehrplänen des kaufmännischen Berufsfeldes.

Das Kapitel über das PC-Betriebssystem MS-DOS 5.0 vermittelt das erforderliche Grundwissen zur Arbeit mit der DOS-SHELL und zu den wichtigsten DOS-Befehlen mit Anwendungsbeispielen. Der Lernende erfährt, wie Unterverzeichnisse angelegt und verwaltet werden. Informationen über die Einrichtung eines PC runden den Abschnitt ab.

Im Kapitel Textverarbeitung MS-WORD 5.5 werden die Grundfunktionen der Textgestaltung und -überarbeitung beschrieben. Hinzu kommen erweiterte Anwendungsmöglichkeiten wie die Arbeiten mit Textbausteinen, Serientexten, Druckformatvorlagen.

Dietrich Franz
Rüdiger Mattes

1 Einführung

Kaufleute, Ingenieure oder Naturwissenschaftler kommen heute ohne den Computer nicht mehr aus. Ein Blick in Offerten großer Tageszeitungen zeigt, daß in diesen Berufen Kenntnisse und Fertigkeiten in der EDV vorausgesetzt werden. War EDV-Wissen bis in die 70er Jahre in der Regel den EDV-Spezialisten wie Programmierern, Systemprogrammierern und Systemanalytikern vorbehalten, müssen sich infolge der weiten Verbreitung von Kleinrechnern nun auch andere Berufsgruppen mit der Datenverarbeitung befassen. Der Computer steht nicht mehr nur in einem Rechenzentrum, zu dem nur ausgewählte Spezialisten Zutritt haben, er steht auf dem Schreibtisch der Sekretärin, des Sachbearbeiters, des Abteilungsleiters und des Assistenten der Geschäftsleitung.

Um mit einem PC effektiv arbeiten zu können, sind grundlegende Kenntnisse des Betriebssystems MS-DOS zwingend notwendig. Bei der täglichen Arbeit müssen Sie Dateien kopieren, löschen oder Disketten formatieren. Sie wollen auch wissen, welche Dateien sich auf den Datenträgern befinden, Daten sichern und gegebenenfalls wiederherstellen. Diese und weitere Funktionen stellt Ihnen das Betriebssystem zur Verfügung.

Außerdem sollten Sie in der Lage sein, neue Programmsysteme in die Benutzeroberfläche des Betriebssystems einzubinden.

Der vorliegende Band gibt Ihnen dazu Tips und praktische Beispiele, beschränkt sich aber bewußt auf den unbedingt notwendigen Umfang von DOS 5.0.

Die Textverarbeitung ist die am häufigsten verbreitete Standardanwendung. Mit einem Textverarbeitungssystem arbeiten Schreibkräfte, SachbearbeiterInnen, Studierende - praktisch alle Anwender, denen ein PC zur Verfügung steht.

Das Textverarbeitungsprogramm MS-WORD ist das am meisten verkaufte Standardprogramm. Das vorliegende Buch basiert auf der Version 5.5. Auch dieses Buch wurde mit WORD 5.5 geschrieben.

2 PC-Betriebssystem MS-DOS

Betriebssystem nennt man eine Sammlung von grundlegenden Programmen, die den Betrieb eines Computers ermöglichen. Es regelt das Zusammenspiel der einzelnen Komponenten der Zentraleinheit und der angeschlossenen Peripherie. Der Betrieb eines Computers ohne Betriebssystem ist bei der Komplexität moderner EDV-Anlagen (EDVA) nicht mehr denkbar. Das Betriebssystem ist Mittler zwischen der Hardware eines Computers und dem Benutzer bzw. seinem Anwendungsprogramm. Um einen PC mit vertretbarem Aufwand zu betreiben, ist das zum eingebauten Prozessor passende Betriebssystem für den Benutzer unbedingt erforderlich.
DOS ist die Abkürzung für "Disk Operation System". Das besagt, es handelt sich um ein Betriebssystem, das für den Betrieb mit Plattenlaufwerken als externe Speicher geeignet ist. IBM vertreibt für seine PC's das Betriebssystem **PC-DOS** (Personalcomputer-DOS). Andere Firmen, die IBM-kompatible (kompatibel = vergleichbar) PC's anbieten, liefern **MS-DOS** (Microsoft DOS) oder DR-DOS (Digital Research DOS).

2.1 Komponenten von MS-DOS

Ein Betriebssystem besteht im allgemeinen aus 2 Gruppen von Programmen: den **Steuerprogrammen** und den **Dienstprogrammen**. Während der Benutzer Steuerprogramme nicht direkt aufrufen kann - sie verrichten in aller Stille und fast unbemerkt ihre Arbeit - sind die Dienstprogramme für ihn zugänglich.

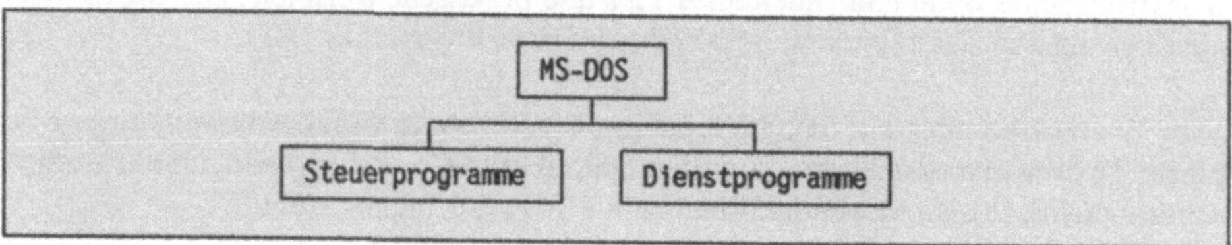

Abb. 1: Komponenten des Betriebssystems MS-DOS

2.1.1 Steuerprogramme

Die Steuerprogramme regeln und überwachen die Funktionen der Komponenten des Computers. Sie steuern den Datenfluß zwischen den einzelnen Teilen der PC-Anlage und den Teilen der Systemeinheit.

Die Dateien, die Steuerprogramme enthalten, befinden sich auf jeder ladbaren (boot-fähigen) Systemdiskette unter den Namen **IO.SYS** (im PC-DOS = IBMBIO.COM) und **MSDOS.SYS** (im PC-DOS = IBMDOS.COM). Die Datei IO.SYS (IO = Input/Output) erledigt zusammen mit den im ROM befindlichen Programmen die Kommunikation zwischen der Zentraleinheit und den angeschlossenen Geräten. Die Datei MSDOS.SYS nennt man den Systemkern. Der Systemkern enthält Funktionen, die von Anwender- und Dienstprogrammen verwendet werden.

Weitere Steuerprogramme liegen auf dem ROM, dem Festspeicher (nicht Festplatte!). Dort stehen z.B. die Programme, die nach dem Einschalten des PC eine Überprüfung des Arbeitsspeichers und der Peripherie durchführen und schließlich den ersten Datensatz von der Systemdiskette/-platte (sog. Urlader) in den Arbeitsspeicher lesen.

2.1.2 Dienstprogramme

Die Dienstprogramme des Betriebssystems erledigen für den Benutzer ganz allgemeine Aufgaben, wie sie durch den Betrieb einer EDVA unabhängig von spezifischen Anwendungen regelmäßig anfallen. Solche Aufgaben können beispielsweise bestehen im Prüfen von Datenbeständen auf einer Diskette/Platte, Kopieren, Sichern, Löschen, Ordnen, Anzeigen, Ändern, Drucken von Datenbeständen usw.

Ein Teil der DOS-Dienstprogramme ist - wie die Steuerprogramme - im Zentralspeicher immer resident (ständig geladen, gegenwärtig). Diese Dienstprogramme werden durch die Datei COMMAND.COM ausgeführt, die vom Programmstart an resident im Zentralspeicher geladen bleibt. Alle Dienstprogramme, welche die Datei COMMAND.COM ausführen kann, nennt man **interne** Befehle oder residente Befehle. Weitere Dienstprogramme erscheinen gesondert im Inhaltsverzeichnis der DOS-Diskette mit ihren Namen. Das sind die sog. **externen** Befehle oder transienten Befehle.

Die drei Betriebssystemdateien **COMMAND.COM, IO.SYS** (bzw. IBMBIO.COM) und **MSDOS.SYS** (bzw. IBMDOS.COM) sind für den Betrieb eines PC unbedingt notwendige Programmdateien. Sie werden beim Starten des PC in den Arbeitsspeicher geladen und bleiben dort während sämtlicher Verarbeitungsvorgänge resident.

Alle Anwendungsprogramme, wie z.B. Programme für die Finanzbuchhaltung, für die Statistik oder für die Datenbankverwaltung, benutzen die Programme des Betriebssystems. Daraus erklärt sich, daß Anwendungsprogramme immer zum Betriebssystem passen müssen. Man muß sich also beim Kauf von Programmen immer auch für ein Betriebssystem entscheiden.

2.2 Dateien in MS-DOS

Eine **Datei** ist eine Sammlung von **sachlich zusammengehörenden Informationen**. So ist z.B. die Personaldatei eine Sammlung betriebsnotwendiger Informationen über das Personal, die Artikeldatei enthält wichtige Informationen über alle Artikel des Sortiments. Aber auch Informationen, die der Computer zur Steuerung seiner Verarbeitungsvorgänge braucht, werden in Dateien zusammengefaßt, diese Dateien nennt man auch Programmdateien oder Programme.

Man unterteilt Dateien **nach der Art der Informationen**, die sie enthalten. Informationen über Personen, Sachen oder Sachverhalte (z.B. Personaldaten, Artikeldaten,

Texte) sind **Nutzdaten**. Dateien mit solchen Daten nennt man **Nutzdateien**. Dateien, die **Steueranweisungen** für die Arbeit des Computers beinhalten, heißen **Programmdateien.**

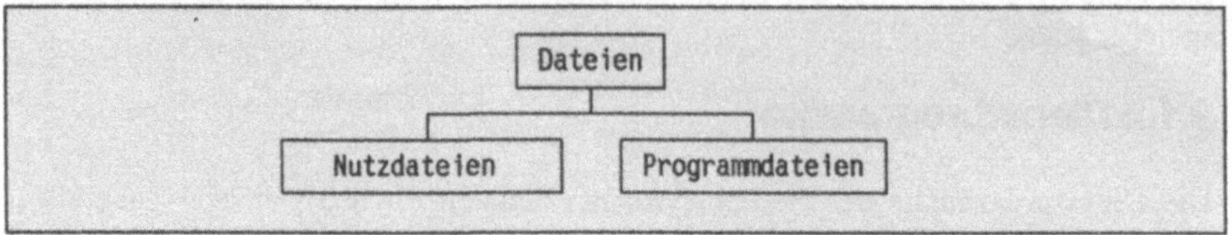

Abb. 2: Arten der Dateien

Man sieht es einer Datei an ihrer Benennung an, ob es sich um eine Nutzdatei oder eine Programmdatei handelt. Dateien müssen Benennungen erhalten, damit der Computer sie auf der Platte/Diskette wieder auffinden kann. Auf jeder Platte befindet sich ein **Hauptverzeichnis** (root-directory) der Dateien, aus welchem ersichtlich ist, welche Dateien auf der Platte stehen. Es gibt bestimmte Regeln, nach denen Dateibenennungen gebildet werden dürfen. Jeder Benutzer von DOS muß diese Regeln strikt befolgen.

Eine **Dateibenennung** besteht aus dem **Dateinamen** und meistens - das ist nicht zwingend - einer **Erweiterung.**

Beispiel:

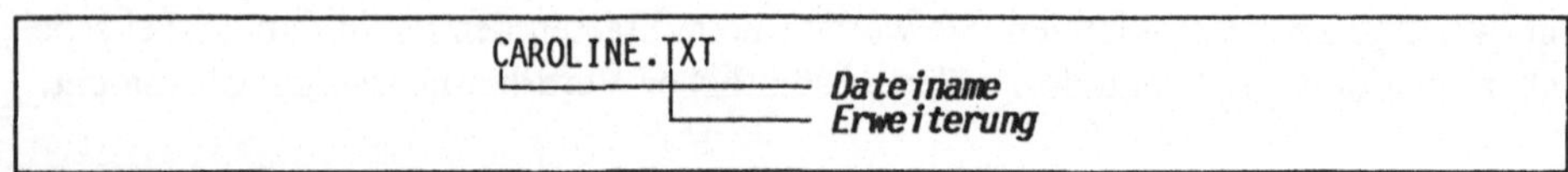

Abb. 3: Beispiel einer Dateibenennung

Der Dateiname lautet CAROLINE, die Erweiterung TXT. Ein Punkt trennt Name und Erweiterung. Der **Dateiname** darf zwischen 1 und 8 Zeichen lang sein. Er kann frei erfunden sein und darf sogar Ziffern und die Sonderzeichen $ # @ ! & % ( ) ' - _ { } enthalten. Die **Erweiterung** darf 1 bis 3 Zeichen lang sein. Auch für die Erweiterung dürfen Ziffern und Sonderzeichen, wie für den Namen, verwendet werden. Aber im Gegensatz zu den Namen, die jeder nach Geschmack beliebig bilden kann, gibt es **reservierte Erweiterungen**, welche für ganz bestimmte Dateien vorgeschrieben sind. Andere Erweiterungen werden immer von gewissen Programmsystemen erzeugt. Diese Erweiterungen sollten Sie für Ihre Nutzdateien vermeiden.

Einige ausgewählte Beispiele:

Erweiterung	Bedeutung
.BAS	BASIC - Quellprogrammdatei
.BAT	Stapeldatei (von batch = Stapel), Befehlsdatei des DOS
.COM	Programm in Maschinensprache, Befehlsdatei (von compute = rechnen)
.DBF	Datenbankdatei des Programms dBASE (von data base file = Datenbankdatei)
.EXE	Programm in Maschinensprache, Befehlsdatei (von execute = ausführen)
.PIC	Grafikdatei des Tabellenkalkulationsprogramms LOTUS 1-2-3 (von picture = Bild)
.SYS	Betriebssystemdatei (von system)
.TXT	Textdatei des Programms WORD (von Text)
.WK1	Datei des Tabellenkalkulationsprogramms LOTUS 1-2-3 (von worksheet = Arbeitsblatt)

Abb. 4: Beispiele für reservierte Erweiterungen

Beim Umgang mit Dateien werden Sie bald feststellen, wie nützlich es ist, Namen so zu wählen, daß auf ihren Inhalt geschlossen werden kann.

Beispiele:

ABRECH89.WK1	Eine Abrechnung für 1989
KUNDEN.DBF	Kundendatei
EST3D_91.TXT	Anlage EST3D zur Einkommensteuererklärung 1991

2.3 Tastatur

Für Personalcomputer gibt es verschiedene ans deutsche Alphabet und die DIN-Norm angepaßte Tastaturen. Bei einigen sind die Funktionstasten deutsch, bei anderen englisch beschriftet. Trotzdem dienen die Tasten bei den verschiedenen Fabrikaten weitgehend den gleichen Funktionen. Solange sich der Personalcomputer unter der Steuerung des Betriebssystems befindet, sieht man einen waagerechten Strich auf dem Bildschirm blinken, den **Cursor** (Schreibmarke). Er zeigt die Stelle an, wo der PC das nächste Zeichen an den Bildschirm schreiben wird. Hier werden nur die Tastenfunktionen beschrieben, die Sie für die Benutzung von DOS unbedingt brauchen und soweit sie nicht schon von der DIN-Schreibmaschinentastatur her bekannt sind.

2.3.1 Steuertasten

Die Steuertasten dienen ganz unterschiedlichen Funktionen. Sie werden teils alleine, teils in Kombination mit anderen Tasten verwendet.

Eingabetaste (Return, Enter):

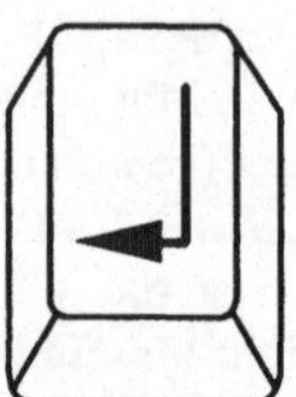

Ein Druck auf die Eingabetaste schließt jede Eingabe ab. Die eingegebene Zeile wird erst dadurch an das System gesendet.

Eingabe abbrechen (Esc, Eing.Lösch):

Die Taste **Esc** (Escape = Flucht) - sie trägt auf der älteren AT-Tastatur die Bezeichnung **Eing.Lösch** - bricht die Eingabe ab und setzt den Cursor in die nächste Zeile.

Programmstop:

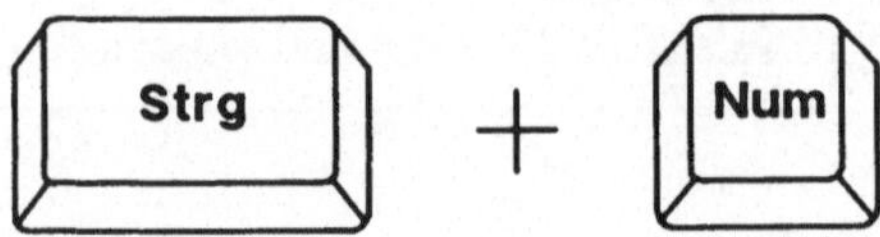

Der Programmablauf wird durch die Taste **Pause** nur gestoppt. Nach Betätigen einer beliebigen Taste setzt das Programm seine Arbeit fort.

Die folgenden Tastenkombinationen benutzen die Tasten **Strg** (Ctrl) (**Control = Steuerung**), **Alt** (Alternativ) und die **Umschalttaste** (Shift) in Verbindung mit anderen Tasten. Halten Sie dabei immer zuerst die in den Abbildungen linke Taste gedrückt, bevor Sie die 2. Taste tippen.

Programmabbruch :

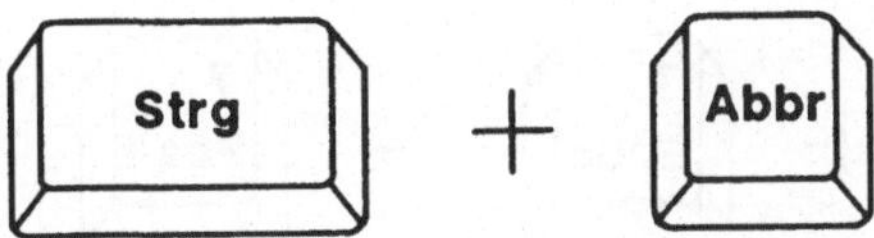

Statt der Taste **Untbr** (Pause) können Sie auch die Taste **C** (engl. cancel) verwenden. Das laufende Programm wird abgebrochen. Der Systemprompt erscheint wieder.

Hardcopy:

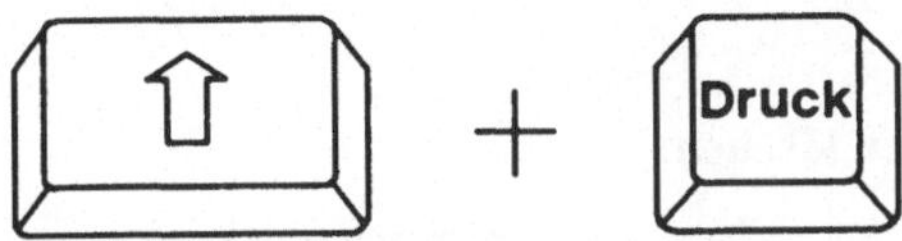

Die Taste **Druck** bewirkt den Abdruck des momentanen Bildschirminhalts auf dem Drucker. Das Ergebnis nennt man **Hardcopy**.

Protokoll:

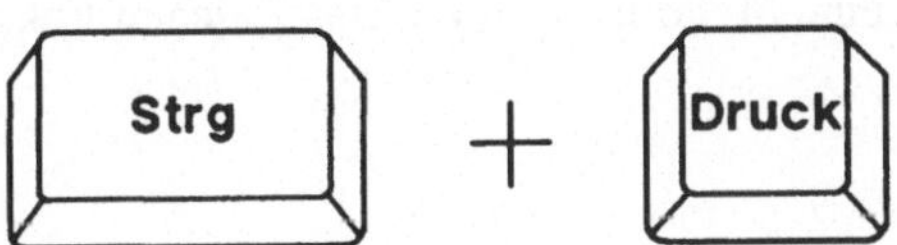

In Kombination mit der Strg-Taste setzt die Drucktaste die sog. **Protokolleinrichtung** in Gang. Der Drucker protokolliert anschließend alle Bildschirmausgaben solange mit, bis diese beiden Tasten ein zweites Mal gedrückt werden.

Sonderzeichen:

Um den **vollen Zeichensatz** des PC ausschöpfen zu können, benutzen Sie die **Alt**-Taste in Kombination mit den Zifferntasten des **Dezimaltastenblocks**. Auf diese Weise können Sie auch mathematische Zeichen, Grafikzeichen usw. einsetzen.

Halten Sie die Alt-Taste gedrückt. Danach tippen Sie nacheinander die einzelnen Ziffern des Dezimalwertes für das entsprechende Zeichen im PC-ASCII-Zeichensatz (vgl. Tabelle im Anhang).

Nehmen Sie an, Sie brauchen das Zeichen ½ (einhalb), Dezimalwert 171:

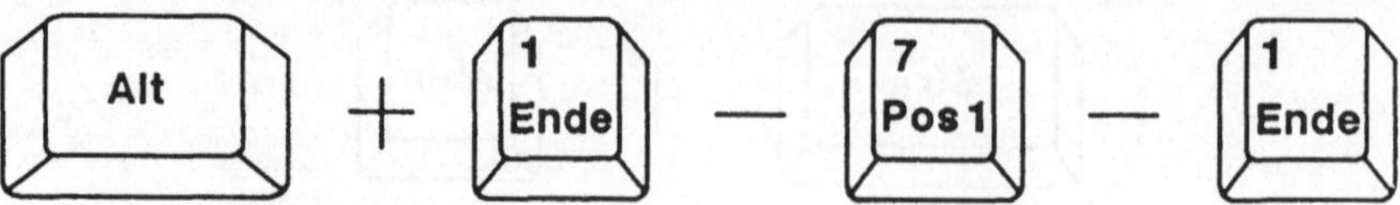

2.3.2 Korrekturtasten

Mit zwei Korrekturtasten lassen sich nach Eingabefehlern einzelne Zeichen löschen und korrigieren.

Rücksetzen und Zeichen löschen:

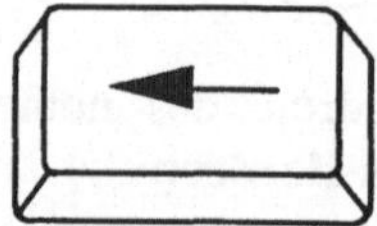

Der Cursor rückt um eine Stelle nach links. Das Zeichen links vom Cursor wird dabei gelöscht.

Zeichen löschen (Entf, Del, Lösch):

Die Taste **Entf** wird - abhängig von der Tastatur - auch mit **Lösch** oder **Del** bezeichnet. Jeder Tastenanschlag löscht das Zeichen, auf dem der Cursor steht. Die Entf-Taste können Sie in Verbindung mit dem Befehl DOSKEY im Editor EDIT oder in den meisten Anwendungprogramme benutzen.

Zeichen einfügen (Einfg, Ins):

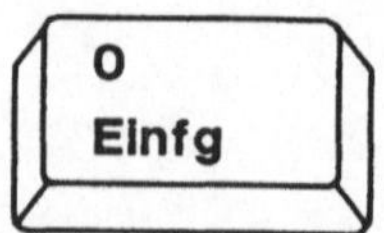

Die Taste **Einfg** oder **Ins** gestattet es, Zeichen in bereits eingegebene Zeichenketten einzufügen. Auch diese Taste verwenden Sie in Verbindung mit DOSKEY, EDIT und Anwendungsprogrammen.

2.4 Der Systemstart

Um einen PC zu starten (engl. to boot), brauchen Sie eine **ladefähige Systemdiskette/-platte** (Bootdisk). Das ist eine Diskette/Platte, auf der sich mindestens die drei im Abschnitt 2.1 beschriebenen Betriebssystemdateien befinden.

2.4.1 Kaltstart

Der Kaltstart beginnt mit dem Einschalten des PC. Zunächst prüfen Programme des ROM einige Systemkomponenten wie Zentralspeicher, Tastatur und Laufwerke auf Funktionstüchtigkeit. Das ist der **Selbsttest**, er findet noch vor dem Laden des Betriebssystems statt.

Ist der PC für den Start richtig vorbereitet, holt sich ein "Startprogramm" die für den laufenden Betrieb notwendigen Steuerprogramme und einige Dienstprogramme von der Systemdiskette (Laufwerk A:) oder von der Magnetplatte (Laufwerk C:) in den Zentralspeicher. Beim PC mit Festplatte ist für den Start keine Diskette notwendig.

Nach erfolgreichem Ladevorgang erscheint das "Bereitzeichen" oder englisch der **Prompt** am Bildschirm. Hinter dem Prompt blinkt die Schreibmarke (cursor). Beim Start mit einer Diskette in Laufwerk A lautet der Prompt:

A>

Wurde mit der Festplatte C: gestartet, erscheint:

C>

Damit zeigt der PC an, daß er nun betriebsbereit ist. Der Prompt kann auch so aussehen: A:\> oder C:\>, das hängt von der Betriebssysteminstallation ab. Es kann auch sein, daß sofort nach dem Start eine grafische Benutzeroberfläche den Bildschirm überzieht. Auch dies ist eine Frage der Betriebssysteminstallation. Die zum Betriebssystem der DOS-Version 5.0 gehörende grafische Benutzeroberfläche DOSSHELL wird später in diesem Buch behandelt.

2.4.2 Warmstart

Wurde der PC einmal eingeschaltet, dann läßt sich ein neuerlicher Systemstart durch gleichzeitiges Drücken der 3 Tasten

Strg-Alt-Entf (auf älteren Systemen: Strg-Alt-Lösch oder Ctrl-Alt-Del)

durchführen. Das Betriebssystem wird dann neu geladen. Gegenüber dem Kaltstart ergibt sich beim Warmstart ein Zeitvorteil, weil hier der Selbsttest entfällt. Warmstarts werden notwendig, wenn der PC infolge von Programmfehlern "abstürzt", d.h. nicht mehr weiterarbeitet.

2.4.3 Systemprompt

Die Plattenlaufwerke (Diskette u. Festplatte) sind die externen Datenspeicher des PC. Sie werden mit Buchstaben gekennzeichnet. Die eingebauten Diskettenlaufwerke haben die Bezeichnungen **A** und **B**, die erste Festplatte die Bezeichnung C.

Das Bereit-Zeichen **C>** oder **C:\>** nach dem Start weist darauf hin, daß das Betriebssystem auf das Laufwerk C eingestellt ist. Man bezeichnet das eingestellte Laufwerk als **aktuelles Laufwerk**. Das Betriebssystem sucht Dateien, die zu verarbeiten sind, immer zuerst im aktuellen Laufwerk.

Die ursprüngliche Voreinstellung können Sie durch Eingabe der Laufwerksbezeichnung gefolgt von einem Doppelpunkt, z.B. a: oder A:, ändern. Sie müssen die Eingabe mit der **Return-Taste** (Enter-Taste, Eingabetaste) abschließen.

Beispiel:

```
C:\>A: <Return-Taste>        (hinter dem Prompt wurde A: eingegeben)
A:\>                         (der PC antwortet mit der neuen Einstellung)
```

Jetzt sucht das Betriebssystem alle Dateien zuerst im Laufwerk A. Beim Festplatten-PC lautet die Voreinstellung nach dem Start **C:\>**. Der Festplatten-PC sucht folglich Dateien normalerweise auf der Festplatte.

2.5 DOS-Shell, die Benutzeroberfläche des DOS

Benutzeroberfläche (shell) nennt man die Erscheinungsform des Bildschirmaufbaus und die damit verbundenen Bedienungsfunktionen, die ein Programm dem Benutzer anbietet. Modern sind **grafische** und sog. **intuitive** Oberflächen. Eine grafische Oberfläche füllt den Bildschirm mit Fenstern (Bildausschnitten, windows), Sinnbildern (icons) und Schrift aus. Mit der Tastatur oder mit einer Maus - alternativ einem Trackball - kann der Benutzer die angebotenen Symbole und Menüpunkte oder die aufgeführten Dateien anwählen ("anklicken") und damit bestimmte Aktionen des Programms auslösen. Intuitiv ist eine Oberfläche, wenn sie der Benutzer ohne besonderen Schulungsaufwand schnell beherrscht, d.h., wenn sie weitgehend selbsterklärend ist.

In der Welt der IBM-Computer setzt sich der sog. SAA-Standard (SAA = systems applications architecture) mit dem CUA (= common user access) durch. CUA beschreibt die Art und Weise wie nach der von IBM entwickelten Vorstellung ein Benutzer mit einem Programm konfrontiert wird und Zugang zu ihm findet. MS-DOS 5.0 folgt diesem Trend. Die DOS-Shell entspricht den von IBM angestrebten Standards.

2.5.1 DOS-Shell aktivieren (DOSSHELL)

Die DOS-Shell aktivieren Sie durch den Befehl DOSSHELL. Das entsprechende Programm wurde bei der Betriebssysteminstallation (SETUP) mit allen zusätzlich notwendigen Dateien auf der Festplatte/Diskette abgelegt. Der Befehl wird beim Systemstart automatisch ausgeführt, wenn Sie das bei der Installation angegeben haben. Andernfalls geben Sie den Befehl am DOS-Prompt ein:

```
C:\> DOSSHELL <Enter>
```

Falls Ihr Bildschirm nach Aufruf von DOSSHELL etwas anders als in der Abbildung aussieht, dann liegt das daran, daß die DOS-Shell sich zunächst im Textmodus zeigt.

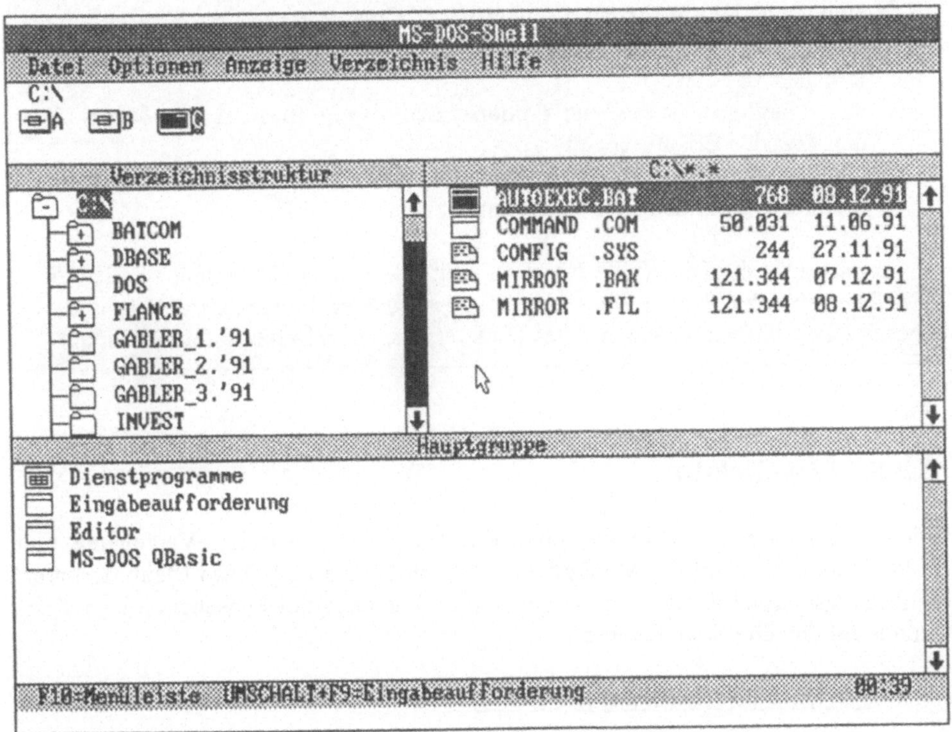

Abb. 5: Das Eingangsbild der DOS-Shell

Der Textmodus arbeitet mit dem vorgegebenen Zeichensatz des PC (vgl. Anhang 1). Im Textmodus werden alle Darstellungen aus den 256 Zeichen des PC-Zeichensatzes zusammengesetzt. Im Grafikmodus können Symbole frei gestaltet werden. Infolgedessen ist die Vielfalt der Darstellungsmöglichkeiten im Grafikmodus größer. Das DOSSHELL-Programm kann moderne Farb-Grafik-Adapterkarten in verschiedenen Modi betreiben. Wenn Ihr Gerät eine Farb-Grafik-Adapterkarte besitzt, können Sie beide Modi in verschiedenen Auflösungen und Farben wählen. Haben Sie eine Monochrom- oder Hercules-Karte, bleibt nur der Textmodus übrig.

2.5.2 Erster Kontakt mit der DOS-Shell

Jeder Benutzer kann die Aufteilung des Bildschirms mit der DOS-Shell nach seinen Erfordernissen vornehmen. Der fortgeschrittene Benutzer wird das tun. Zunächst soll uns die Standardform genügen. Die folgenden Beispiele dienen dem Warming-Up, führen Sie sie aus.

Mit der Taste <F1> erhalten Sie in jeder Situation gezielt Hilfe zum aktuellen Thema.

- Stellen Sie den Cursor mit Tabulator- und Cursortasten oder Maus auf den Punkt, zu dem Sie Hilfe brauchen
- Drücken Sie <F1>
- Mit <Pfeil-ab>/<Pfeil-auf> oder <Bild-ab>/<Bild-auf> verfolgen Sie den Text der Erläuterungen
- Um Menüpunkte im Hilfetext zu wählen, verwenden Sie die Tabulatortaste
- <Enter> führt den Menüpunkt aus

Verwenden Sie die Direkthilfe (On-Line-Hilfe) ausgiebig. Sie enthält zu allen die Shell betreffenden Fragen Hinweise, die teilweise über die in diesem Abschnitt beschriebenen hinausgehen und des Umfangs wegen nicht dargestellt wurden.

Abb. 6: Hinweis zur Direkthilfe

2.5.2.1 Menüleiste

Die **Menüleiste** zeigt die Menüpunkte Datei, Optionen, Anzeige, Verzeichnis und Hilfe. Durch die Wahl der Menüpunkte klappen Sie ein Pull-Down-Menü herunter. Bedienungsbeispiel für die Menüleiste soll im folgenden das Umschalten vom Textmodus auf den Grafikmodus sein:

Ausführungsbeispiel mit der Tastatur:

Mit der Taste <**Alt**> und einem darauffolgenden Buchstaben wählen Sie ein Pull-Down-Menü. Drücken Sie <Alt>, dann <O>. Das Optionen-Menü wird sichtbar. Wählen Sie mit <A> (oder den <Pfeil-ab>/<Pfeil-auf>-Tasten und <Enter>) den Anzeigemodus. Jetzt gelangen Sie in eine **Dialogbox**. Die Markierung steht auf "Text 25 Zeilen . . .". Mit <Pfeil-ab>

setzen Sie diese auf "Grafik 25 Zeilen . . ." und drücken <Enter>. Nach kurzer Zeit sehen Sie die DOS-Shell im Grafikmodus (s. Abb. 1). Mit der Taste <**Esc**> (engl. escape = Flucht) verlassen Sie ein Pull-Down-Menü oder eine Dialogbox ohne Änderung.

Ausführungsbeispiel mit der Maus:

Stellen Sie den Mausanzeiger (Mauscursor) auf den Menüpunkt Optionen und drücken Sie die linke Maustaste. Diesen Vorgang nennt man "Anklicken". Klicken Sie den Anzeigemodus an, also Mauscursor auf Anzeigemodus und linke Maustaste betätigen. Mauszeiger auf "Grafik 25 Zeilen . . ." und linke Maustaste 2 mal kurz hintereinander tippen (Doppelklicken) oder den Befehl OK anklicken. Mit der rechten Maustaste brechen Sie ein Menü ab. Doch in der Dialogbox müssen Sie dazu in der Befehlsleiste den Punkt Abbrechen anklicken.

2.5.2.2 Laufwerkliste

Unter der Menüleiste präsentiert DOS-Shell alle Laufwerke, die Sie besitzen. Das können mehr sein als in Ihrem PC "physikalisch" tatsächlich vorhanden, nämlich auch virtuelle, logische und Netzwerklaufwerke. Das hängt von Ihrer Konfiguration ab. Das aktuell eingestellte Laufwerk, es ist markiert, können Sie wechseln.

Ausführungsbeispiel mit der Tastatur:

Halten Sie die Taste <Strg> gedrückt und tippen Sie den Buchstaben des gewünschten Laufwerks, z.B. <A>. Das System liest Verzeichnisse und Dateien des Laufwerks und zeigt sie an. Beachten Sie: Falls Sie ein Diskettenlaufwerk wählen, sollte dort eine formatierte Diskette liegen. Sie können auch die Tabulatortaste (in Verbindung mit gedrückter Umschalttaste rückwärts laufend) benutzen, um in die Dateiliste zu gelangen. Dann wählen Sie mit <Pfeil-rechts>/<Pfeil-links> das Laufwerk A. Schließlich drücken Sie <Enter>.

Ausführungsbeispiel mit der Maus:

Symbol für Laufwerk A anklicken. Doppelklicken aktualisiert die Anzeige nach einer eventuellen Veränderung (z.B. Löschen von Dateien) auf dem Laufwerk.

2.5.2.3 Verzeichnisstruktur

Die Liste der Verzeichnisse eines Laufwerks, in der DOS-Shell auf der linken Seite unter den Laufwerken, zeigt die Verzeichnisstruktur eines Laufwerks. Verzeichnisse werden im Grafikmodus durch das Kartei-Symbol gekennzeichnet.

2.5.2.3.1 Begriff Verzeichnis

Auf jedem Datenträger gibt es ein **Hauptverzeichnis** oder **Stammverzeichnis** (engl. root-directory) und beliebig viele **Unterverzeichnisse.** Das Stammverzeichnis wird beim Vorbereiten einer Festplatte/Diskette (vgl. Befehl FORMAT) automatisch eingetragen. Alle anderen Verzeichnisse erstellt der Benutzer selbst.

Verzeichnisse haben die Funktion von Ablagefächern oder Dokumentenmappen. Sachlich zusammengehörende Dateien werden in einem spezifischen Verzeichnis abgelegt. So finden Sie zum Beispiel im Verzeichnis namens DOS alle Dateien des Betriebssystems. Im Verzeichnis WORD etwa befinden sich alle Programmdateien des Textsystems MS-WORD und in einem Verzeichnis namens KUNDEN alle Briefe und Unterlagen, die mit Ihren Kunden zu tun haben.

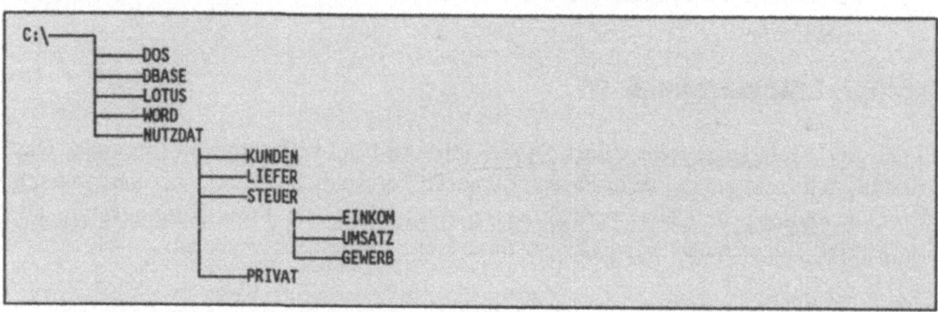

Abb. 7: Beispiel für eine Verzeichnisstruktur

Im Beispiel ist die hierarchische Verzeichnisstruktur zu erkennen. Dem Stammverzeichnis auf Platte C:, gekennzeichnet durch den Schrägstrich rückwärts (\, engl. backslash), sind einige Verzeichnisse direkt untergeordnet, in denen sich Programmsysteme befinden. Ein Verzeichnis NUTZDAT weist darauf hin, daß hier Nutzdaten abgelegt sind. Da es an einem Arbeitsplatz die verschiedenartigsten Nutzdateien gibt, ist dieses Unterverzeichnis wieder in weitere Verzeichnisse untergliedert. Der Benutzer hat es offenbar mit Kunden und Lieferern zu tun. Die diese Arbeitsbereiche betreffenden Dateien sind in den Verzeichnissen KUNDEN und LIEFER abgelegt. Es gibt ferner ein Verzeichnis STEUER für Steuerangelegenheiten. Weil der Benutzer verschiedene Steuerarten zu bearbeiten hat, ordnete er dem Verzeichnis STEUER entsprechende Verzeichnisse, EINKOM, UMSATZ und GEWERB unter. Schließlich weist die Platte noch ein Unterverzeichnis PRIVAT für die Privatpost auf.

Die Speicherung von Dateien in sachbezogenen Verzeichnissen ist vergleichbar mit der Ablage von Dokumenten im Aktenschrank:

Hauptverzeichnis des Laufwerks	≈ Aktenschrank
1. Unterverzeichnisebene	≈ Aktenordner
2. Unterverzeichnisebene	≈ Register im Aktenordner
Nutzdatei	≈ Dokument

Im Gegensatz zu diesem Analogiebeispiel kann es auf dem Datenträger jedoch eine tiefere Staffelung der Unterverzeichnisebenen geben. Eine Struktur, die Verzeichnisse für Nutzdaten strikt von Verzeichnissen für Programme trennt, ist für die Datensicherung von Vorteil (vgl. Befehl BACKUP). In der Regel müssen nur Nutzdaten regelmäßig gesichert werden, denn für die lizenzierten Programme existieren die entsprechenden Original-Disketten und sie bleiben immer in ihrem ursprünglichen Zustand. Nutzdaten dagegen verändern sich laufend durch Bearbeitung.

Um eine Textdatei mit dem Namen FA_12031.TXT im Umsatzsteuerverzeichnis anzusprechen, müssen Sie, die Struktur von Abb. 7 zugrundegelegt, folgendermaßen adressieren:

C:\NUTZDAT\STEUER\UMSATZ\FA_12031.TXT

Laufwerk, Verzeichnisse und Dateiname sind durch \ voneinander getrennt. Sie werden in hierarchischer Ordnung, das übergeordnete Verzeichnis zuerst, aufgeführt. Die vor der Dateibenennung stehenden Angaben, nennt man **Pfad**.

2.5.2.3.2 Begriff Pfad

Ein **Pfad** ist eine Folge von hierarchisch aneinandergereihten und durch \ (backslash) getrennten Verzeichnisnamen, denen eine Laufwerksbezeichnung vorangestellt sein kann. Der erste backslash bzw. ein backslash alleine bezeichnet das Stamm- bzw. Hauptverzeichnis. Alle folgenden backslashes haben lediglich die Funktion von Trennzeichen.

Pfad-Beispiele	**Bedeutung**
C:	Aktuelles Verzeichnis des Laufwerks C:
C:\	Stammverzeichnis von C:
\	Stammverzeichnis des aktuellen Laufwerks
C:\DOK	Dem Stammverzeichnis untergeordnetes Verzeichnis DOK
\NUTZDAT	Dem Stammverzeichnis untergeordnetes Verzeichnis NUTZDAT des aktuellen Laufwerks
C:\WORD*.*	Alle Dateien des Unterverzeichnisses WORD
C:\TEX\PRI\X.TXT	Die Datei X.TXT im Unterverzeichnis PRI des Unterverzeichnisses TEX des Stammverzeichnisses von C:

2.5.2.3.3 Verzeichnisbereich der DOS-Shell

Die Shell zeigt an oberster Stelle das Laufwerk mit dem Symbol für Stammverzeichnis, \ (backslash). Falls Sie bisher nur DOS installiert haben, besteht die Verzeichnisstruktur nur aus Stammverzeichnis und Unterverzeichnis DOS. Für jedes neue Programmsystem, das Sie installieren, legen Sie ein entsprechendes Verzeichnis an. Im Beispiel Abb. 5 wurden bereits mehrere Unterverzeichnisse eingerichtet.

Sie können das Stammverzeichnis und jedes untergeordnete Verzeichnis anwählen. Die Dateiliste auf der rechten Seite des Bildschirms läßt alle Dateien des jeweils gewählten Verzeichnisses erkennen. Verzeichnisse mit + Zeichen im Verzeichnissymbol besitzen weitere Unterverzeichnisse.

Ausführungsbeispiel mit der Tastatur:

Drücken Sie so oft die Tabulatortaste (im folgenden <Tab>-Taste) bis die Markierung im Bereich Verzeichnisstruktur steht. Wählen Sie mit <Pfeil-ab>/<Pfeil-auf> das Verzeichnis, z.B. DOS. Falls das Verzeichnissymbol ein + Zeichen aufweist, drücken Sie <+>. Die volle Verzeichnisstruktur wird sichtbar. Mit <Pfeil-ab>/<Pfeil-auf> erreichen Sie die untergeordneten Verzeichnisse, das Zeichen <-> verbirgt die untergeordneten Verzeichnisse.

Alternative:

Statt mit den Pfeiltasten ist es möglich, die Auswahl mit der dem ersten Buchstaben des gesuchten Verzeichnisses entsprechenden Buchstabentaste durchzuführen. Beispiel: Taste <D> führt zum ersten Verzeichnis, dessen Name mit D beginnt, z.B. DBASE. Der zweite Tastenanschlag läßt den Cursor zu DOS wandern usw. Vom Ende aller Verzeichnisse, die mit D beginnen, springt der Cursor schließlich auf den ersten Namen zurück. Diese Auswahltechnik gilt auch für die Bereiche: Dateiliste, Haupt- und Untergruppen.

Ausführungsbeispiel mit Maus:

Klicken Sie den Verzeichnisnamen, z.B. DOS, an. Falls das Verzeichnissymbol ein + Zeichen aufweist, klicken Sie dieses an. Die volle Verzeichnisstruktur wird sichtbar. Durch Anklicken erreichen Sie auch die untergeordneten Verzeichnisse.

2.5.2.4 Dateiliste

Der rechte Bildschirmbereich (vgl. Abb. 5) heißt Dateiliste. Hier sind die im aktuellen Verzeichnis befindlichen Dateien alphabetisch aufgelistet. Im Grafikmodus erkennen Sie die Nutzdateien am Dokument-Symbol, die Befehlsdateien (mit Erweiterungen .COM, .EXE und .BAT) am Befehl-Symbol. Rechts neben den Dateinamen: die Größe der Datei in Byte und das Datum der letzten Änderung. Über der Dateiliste steht die Pfadangabe für das aktuelle Verzeichnis.

Beispiel:

Die Pfadangabe: C:\DOS*.* bedeutet: Anzeige aller Dateien (*.*) im Unterverzeichnis DOS des Laufwerks C: (zum Platzhalter <*> vgl. Befehl DIR).

Alle Befehlsdateien können Sie ganz einfach starten. Das folgende Beispiel geht davon aus, daß Sie das DOS-Verzeichnis angewählt haben (wie dies erfolgt vgl. oben).

Ausführungsbeispiel mit Tastatur:

Sie wählen Verzeichnis, z.B. DOS an, falls noch nicht geschehen. Mit der Tabulatortaste suchen Sie die Dateiliste auf. Mit Cursortasten (= Pfeil-Tasten und Bild-Tasten) wählen Sie eine Befehlsdatei aus, z.B. HELP.EXE und betätigen <Enter>.

Alternative:

Statt mit den Pfeiltasten ist es möglich, die Auswahl mit der dem ersten Buchstaben der gesuchten Datei entsprechenden Buchstabentaste durchzuführen, z.B. im Verzeichnis DOS führt Taste <H> unmittelbar zu HELP.EXE. <Enter> startet das Programm.

Ausführungsbeispiel mit Maus:

Klicken Sie ein Verzeichnis, z.B. DOS, an. Mauscursor auf den unteren Pfeil der Bildlaufleiste, das ist der senkrechte Balken rechts mit Pfeilen nach oben und unten. Die linke Maustaste drücken Sie so lange, bis HELP.EXE erscheint. Falls nötig, fahren Sie mit dem oberen Pfeil wieder zurück. Markieren Sie HELP.EXE und führen Sie den Befehl mit Doppelklick aus.

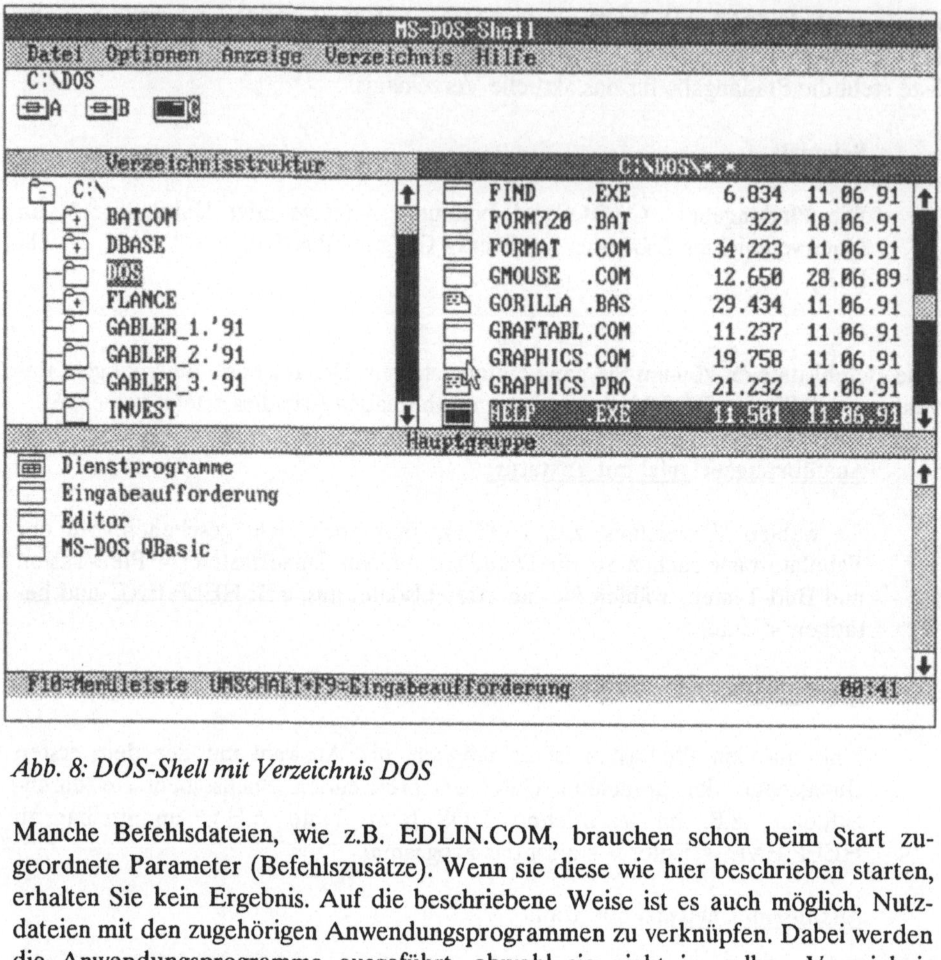

```
MS-DOS-Shell
Datei  Optionen  Anzeige  Verzeichnis  Hilfe
C:\DOS
A  B  C
Verzeichnisstruktur                C:\DOS\*.*
C:\                                FIND     .EXE     6.834  11.06.91
 BATCOM                            FORM720  .BAT       322  10.06.91
 DBASE                             FORMAT   .COM    34.223  11.06.91
 DOS                               GMOUSE   .COM    12.650  28.06.89
 FLANCE                            GORILLA  .BAS    29.434  11.06.91
 GABLER_1.'91                      GRAFTABL.COM     11.237  11.06.91
 GABLER_2.'91                      GRAPHICS.COM     19.758  11.06.91
 GABLER_3.'91                      GRAPHICS.PRO     21.232  11.06.91
 INVEST                            HELP     .EXE    11.501  11.06.91
Hauptgruppe
Dienstprogramme
Eingabeaufforderung
Editor
MS-DOS QBasic
F10=Menüleiste  UMSCHALT+F9=Eingabeaufforderung                 08:41
```

Abb. 8: DOS-Shell mit Verzeichnis DOS

Manche Befehlsdateien, wie z.B. EDLIN.COM, brauchen schon beim Start zugeordnete Parameter (Befehlszusätze). Wenn sie diese wie hier beschrieben starten, erhalten Sie kein Ergebnis. Auf die beschriebene Weise ist es auch möglich, Nutzdateien mit den zugehörigen Anwendungsprogrammen zu verknüpfen. Dabei werden die Anwendungsprogramme ausgeführt, obwohl sie nicht im selben Verzeichnis stehen (vgl. Datei-Manager, Verknüpfen).

2.5.2.5 Hauptgruppe

Hauptgruppe bedeutet: eine übergeordnete Gruppe von Programmen, die der Anwender aufrufen kann. Diesen Teil der DOS-Shell verwaltet der sog. **Programm-Manager**.

Innerhalb der ursprünglich sichtbaren Programme gibt es eine Untergruppe Dienstprogramme. Wenn Sie diese Untergruppe öffnen (vgl. unten), wird das Menü der Dienstprogramme sichtbar. Jeder Benutzer hat die Möglichkeit, das Menü der Hauptgruppe um weitere Menüpunkte, d. h. Programmaufrufe und Untergruppen, zu erweitern.

Ausführungsbeispiel mit der Tastatur:

Stellen Sie die Markierung mit dem Tabulatur in die Hauptgruppe. Wählen Sie mit Cursortasten einen Menüpunkt, z.B. Eingabeaufforderung. Drücken Sie <Enter>. Um das aufgerufene Programm zu beenden, müssen Sie die Bedienungsregeln dieses Programms kennen, denn in Anwendungsprogrammen gelten andere Tastenfunktionen als in der Shell. Falls Sie den Punkt Eingabeanforderung gewählt haben, wurde der DOS-Befehl COMMAND ausgeführt und Sie kommen mit dem Befehl EXIT <Enter> zurück zur Shell.

Alternative:

Statt mit den Pfeiltasten ist es möglich, die Auswahl mit der dem ersten Buchstaben der gesuchten Anwendung entsprechenden Buchstabentaste durchzuführen, z.B. in der Hauptgruppe führt Taste <D> unmittelbar zu Dienstprogramme. <Enter> öffnet die Untergruppe Dienstprogramme. Zurück geht's über den Menüpunkt Hauptgruppe.

Ausführungsbeispiel mit Maus:

Setzen Sie den Mauscursor auf den Menüpunkt, z.B. Eingabeaufforderung und führen Sie einen Doppelklick aus. Falls Sie den Punkt Eingabeaufforderung gewählt haben, kommen Sie mit dem Befehl EXIT <Enter> zurück zur Shell. Auf der DOS-Systemebene ist die Maus außer Funktion.

2.5.2.5.1 Menüpunkte des Menüs Hauptgruppe

Eingabeaufforderung

Dieser Punkt ist das Fenster zur Befehlsoberfläche von DOS. Die Tastenkombination <UMSCHALTUNG> + <F9> erledigt das gleiche. Mit dem Befehl EXIT kehren Sie zur Shell zurück.

Editor

Mit dem Editor können Sie Texte verfassen und ändern. Sie werden zunächst gefragt, welche Datei Sie bearbeiten wollen. Falls Sie eine neue anlegen wollen, entfällt der Eintrag. Klicken Sie OK oder drücken Sie <Enter>. Daraufhin erscheint die Eingabemaske des Editors mit der Menüleiste am oberen Rand. Mit <Alt> gelangen Sie in die Menüs. <Esc> führt zurück. Benutzen Sie nach Aufruf des Editors die on-line-Hilfe (Taste F1), um sich über seine Funktionen zu informieren.

MS-DOS QBasic

QBasic ist der BASIC-Übersetzer, der mit DOS 5.00 ausgeliefert wird. Es handelt sich um ein komfortables Programmentwicklungssystem mit dem professionelle BASIC-Programme entwickelt werden können. Sie können spaßeshalber einmal eines der mitgelieferten BASIC-Quellprogramme, kenntlich an der Erweiterung .BAS, übersetzen und ausführen lassen.

Ausführungsbeispiel:

Markieren Sie im Bereich Verzeichnisstruktur das Verzeichnis DOS. Wählen Sie im Bereich Hauptgruppe "MS-DOS QBasic". Tragen Sie in der sich öffnenden Dialogbox als QBasic-Datei den Namen NIBBLES ein. <Enter> drücken oder OK anklicken. Mit <Umschaltung> + <F5> startet ein Spiel.

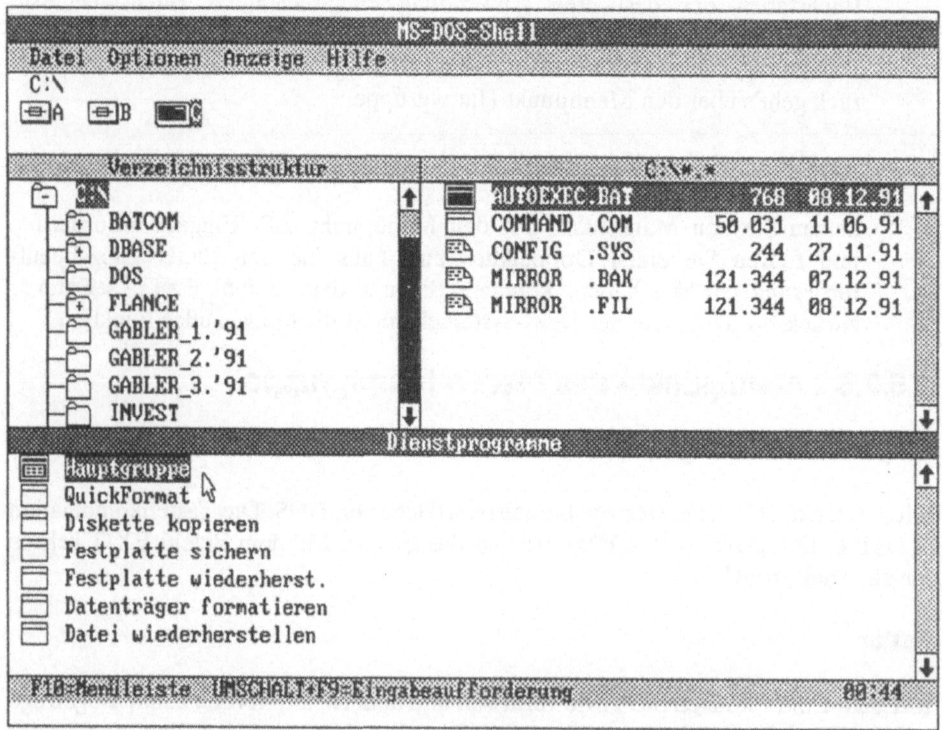

Abb. 9: Untergruppe Dienstprogramme

Dienstprogramme

Der Menüpunkt bildet den Zugang zur Untergruppe Dienstprogramme.

2.5.2.5.2 Menüpunkte der Untergruppe Dienstprogramme

Die Untergruppe Dienstprogramme ist nur eine beispielhafte Programmgruppe. Sie können Sie erweitern und/oder weitere Untergruppen selbst schaffen (vgl. unten: Programm-Manager).

Hauptgruppe

Hauptgruppe ist ein Menüpunkt, der wieder zurück zum Eingangsmenü Hauptgruppe führt.

Diskette kopieren

Wenn Sie die Dialogbox öffnen, werden Sie angewiesen, Quell- und Ziellaufwerk einzugeben. Sie können auch den Vorschlag A: (Quelle) und B: (Ziel) übernehmen. Mit dem Menüpunkt kopieren Sie den Inhalt einer Diskette vollständig von einem Laufwerk (hier A:) in das andere (hier B:). Vorsicht: Alle Dateien der Zieldiskette werden gelöscht (vgl. Befehl DISKCOPY).

Festplatte sichern

Die Festplatte C: (Quelle) wird mit ihrem gesamten Inhalt aus Sicherheitsgründen auf Disketten übertragen, die Sie in Laufwerk A: (Ziel) plazieren müssen. Statt der Vorgabe können Sie auch jedes andere Laufwerk (z.B. E: als Quelle und B: als Ziel) oder Verzeichnis (z.B. \DOS) einsetzen (vgl. Befehl BACKUP).

Festplatte wiederherstellen

Sie haben eine Festplatte versehentlich gelöscht oder Sie mußten eine defekte Festplatte gegen eine neue austauschen lassen. Nun können Sie die mit dem vorangegangenen Menüpunkt gesicherten Daten wieder zurückspielen, d.h. den ursprünglichen Datenbestand wieder herstellen. Mit dem folgenden Parameterbeispiel schreibt das System alle Dateien von Laufwerk A: auf Laufwerk C: zurück (vgl. Befehl RESTORE):

Parameter: A: C:*.* /S

QuickFormat

Der Menüpunkt formatiert eine früher formatierte Diskette erneut. Alle Unterverzeichnisse und Dateien werden beseitigt. Vorgabelaufwerk ist A:, sie können das durch Eingabe eines anderen Laufwerks, z.B. B:, ändern (vgl. Befehl FORMAT).

Datenträger formatieren

Wenn Sie eine Diskette erstmals formatieren wollen, wählen Sie diesen Punkt. Sie können die Parametervorgabe A: ändern. Der PC formatiert die Diskette automatisch in der dem Laufwerk eigenen Maximalkapazität. Sind andere Kapazitäten erwünscht, z.B. für DD-Disketten, müssen Sie diese in Form von spezifischen Parametern vorgeben (vgl. Befehl FORMAT).

Datei wiederherstellen

Sie können gelöschte Dateien wiederherstellen, wenn sie nach dem Löschen nicht ganz oder teilweise durch neue Daten überschrieben wurden (vgl. Datei-Manager, Menüpunkt Löschen). Wenn Sie den Menüpunkt wählen, zeigt die Dialogbox den Parameter /LIST. Das bedeutet, Sie erhalten zunächst nur eine Liste der gelöschten Dateien, soweit ihre Namen noch im Inhaltsverzeichnis stehen. Ist die Liste zu lang, wählen Sie mit Platzhaltern (Jokern) eine Dateigruppe aus.

Ausführungsbeispiel:

Nach der Wahl des Menüpunkts, geben Sie als Parameter ein:

Parameter	Wirkung
/LIST *.TXT	alle gelöschten Dateien mit der Erweiterung .TXT anzeigen
/LIST ?O*	alle gelöschten Dateien zeigen, deren Name an zweiter Stelle den Buchstaben O besitzt

Beim Löschen wird die erste Stelle des Namens im Verzeichnis durch ein spezielles Löschkennzeichen überschrieben. Deshalb ist es nicht möglich, nach dem ersten Zeichen eines Dateinamens zu suchen. Das erste Zeichen muß immer durch ? oder * ersetzt werden (vgl. auch Befehl UNDELETE).

Ausführungsbeispiel:

Nehmen Sie an, Sie haben die Datei AUTOEXEC.BAT versehentlich gelöscht. Sie soll gerettet werden. Nach der Wahl des Menüpunkts geben Sie als Parameter ein: ?UTOEXEC.BAT.

Das System meldet, ob die Datei wiederhergestellt werden kann. Falls Sie jetzt mit J antworten, werden Sie aufgefordert, den ersten Buchstaben des Dateinamens, in unserem Beispiel A, einzugeben. Damit ist die Datei wieder verfügbar.

Sie können eine Gruppe von Dateien retten, wenn Sie Platzhalter benutzen, z.B. heißt Parameter *.TXT: Alle Textdateien retten.

2.5.2.6 Bildlaufleiste und Bildlaufpfeile

Rechts neben manchen Fenstern verläuft senkrecht die Bildlaufleiste, oben und unten begrenzt durch die Bildlaufpfeile. Sie bringen nur dem Mausbenutzer Vorteile. Folgende Nutzungsmöglichkeiten gibt es:

- Zeilenweise Blättern: Mauscursor auf den unteren oder oberen Pfeil. Maustaste antippen oder gedrückt halten (Dauerfunktion).

- Mehrere Zeilen überblättern: Mauscursor direkt unter den oberen Pfeil oder über den unteren Pfeil. Maustaste antippen oder gedrückt halten (Dauerfunktion). Das Bildlauffeld, ein kleines gerastertes Rechteck, wandert auf der Bildlaufleiste nach oben oder nach unten und zeigt die relative Position des Cursors an.

  Variante: Sie stellen den Mauscursor auf das Bildlauffeld, halten die Maustaste gedrückt, bewegen die Maus nach oben oder unten und lassen die Maustaste los, sobald die gewünschte Position erreicht ist.

2.5.2.7 Statuszeile

Die Statuszeile begrenzt den unteren Bildrand. Sie dient dazu, aktuelle Mitteilungen, Modi und die Uhrzeit anzuzeigen.

2.5.3 Pull-Down-Menüs der DOS-Shell

Ein Pull-Down-Menü (engl. pull down = zieh runter) ist ein Menüfenster, das sich nach unten öffnet. Abhängig von der aktuellen Position des Cursors in einem der Fenster, stellen sich die Pull-Down-Menüs unterschiedlich dar.

2.5.3.1 Menü Datei

2.5.3.1.1 Datei-Manager

Wenn Sie das Pull-Down-Menü ***Datei*** aufrufen, während sich der Cursor in der Laufwerkliste, in der Verzeichnisstruktur oder der Dateiliste befindet, dann wird der sog. Datei-Manager aktiviert. In diesem Punkt zeigt sich die besondere Stärke der Shell von DOS 5.0. Der Datei-Manager bietet Ihnen viele Möglichkeiten der Verwaltung von Dateien.

Der Datei-Manager bezieht im Menü Datei angebotene Bearbeitungsmöglichkeiten immer auf die von Ihnen zuvor markierte(n) Datei(en). Sie können einzelne oder mehrere Dateien markieren. Möglichkeiten für das Markieren von Dateien:

Einzelne Dateien markieren

Mit der Tastatur:
- Dateiliste mit Tabulator wählen
- Datei mit den Cursortasten anfahren

Mit der Maus:
- Datei anklicken

Mehrere Dateien in Folge markieren

Mit der Tastatur:
- Mit Tabulatortaste Dateiliste wählen
- Cursor auf die erste Datei stellen
- Umschalttaste (shift) gedrückt halten und <Pfeil-ab> oder <Pfeil-auf> entsprechend oft anschlagen.

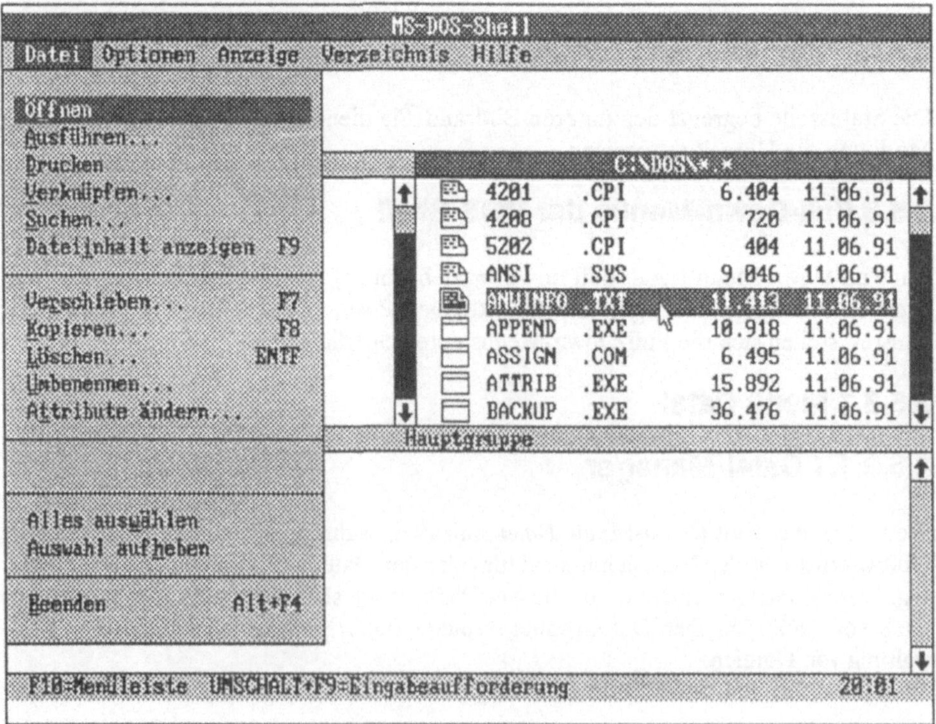

*Abb. 10: Das Pull-Down-Menü **Datei** für die Dateiliste*

Mit der Maus:
- Erste Datei der Reihe anklicken
- Umschalttaste gedrückt halten und letzte Datei anklicken

Mehrere verstreut angeordnete Dateien markieren

Mit der Tastatur:
- Mit Tabulatortaste Dateiliste wählen
- Cursor auf die erste Datei
- Mit <Umschaltaste> + <F8> den Modus Erweitern aktivieren. Die Abkürzung ERWEIT erscheint nun in der Statuszeile.
- Mit den Cursortasten zur nächsten gewünschten Datei und mit <Leertaste> markieren
- Letzten Punkt fortsetzen bis alle gewünschten Dateien markiert sind

Mit der Maus:
- Erste Datei anklicken
- Taste <Strg> gedrückt halten und dabei die übrigen gewünschten Dateien anklicken

Alle Dateien des Verzeichnisses markieren

Mit der Tastatur:
- Mit Tabulatortaste Dateiliste wählen
- Tasten <Strg> + </> drücken

Mit der Maus:
- Pull-Down-Menü Datei anklicken
- Menüpunkt "Alles auswählen" anklicken

Das Datei-Menü wählen Sie durch Drücken der Tasten <Alt> und <D> nacheinander oder durch Anklicken des Wortes Datei in der Menüleiste.

Ausführungsbeispiel:

Wählen Sie das Verzeichnis DOS. Setzen Sie den Cursor mit dem Tabulator ins Fenster Dateiliste. Markieren Sie die Datei ANWINFO.TXT mit den Cursortasten oder der Maus. Drücken Sie <Alt> und <D> oder klicken Sie das Pull-Down-Menü Datei an.

Die Bearbeitungsmöglichkeiten für Dateien und Verzeichnisse suchen Sie mit Cursortasten oder Maus aus. Mit <Enter> oder Anklicken leiten Sie dann die Verarbeitung ein, oder Sie drücken den jeweils unterstrichenen Buchstaben auf der Tastatur, z.B. <H> für "Auswahl aufheben".

Hinweis:

> Abhängig davon, in welchem Bildschirmbereich, sich der Cursor beim Aufruf des Menüs Datei befindet, stehen Ihnen unterschiedliche Menüpunkte zu Verfügung. Die grau dargestellten Menüpunkte sind gesperrt.

Innerhalb des Dateimanagers gibt es folgende Bearbeitungsmöglichkeiten:

Öffnen

Haben Sie zuvor eine Befehlsdatei (.COM, .EXE, .BAT) markiert, dann heißt "Öffnen" ausführen.

Bei Nutzdateien, z.B. .TXT sucht das System ein mit dieser Erweiterung "verknüpftes" Anwendungsprogramm. Wenn eine Verknüpfung besteht, z.B. mit einem Textprogramm, wird dieses gestartet und die Nutzdatei von dem Anwendungsprogramm geladen. (vgl. Menüpunkt "Verknüpfen"). Hinweis: Wenn mehrere Dateien markiert wurden, ist der Menüpunkt inaktiv. Sie wählen dann zuvor den Menüpunkt "Auswahl aufheben".

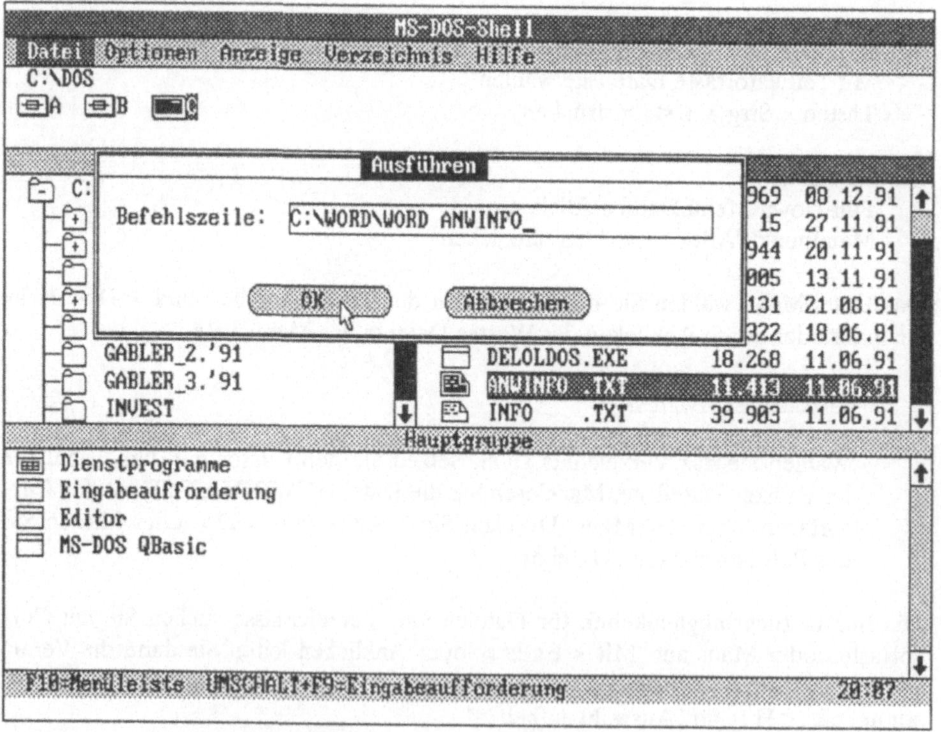

*Abb. 11: Die Dialogbox **Ausführen***

Ausführen

Der Punkt Ausführen öffnet ein Dialogfenster. Wenn Sie einen Befehl in die Befehlszeile schreiben und <Enter> drücken oder OK anklicken, wird dieser Befehl ausgeführt. Dem Befehl können Sie Befehlszusätze, sog. Parameter, hinzufügen. Im Beispiel Abb. 11 wird das Programm WORD.EXE aus dem Verzeichnis C:\WORD aufgerufen und der Text ANWINFO.TXT durch das Textprogramm geladen.

Ausführungsbeispiele:

Sie schreiben MEM in die Befehlszeile und drücken <Enter>. MEM zeigt Ihnen die aktuelle Hauptspeicherbelegung.

Wenn Sie Zeit haben: Schreiben Sie in die Befehlszeile QBASIC GORILLA, um das mitgelieferte Bananenwurfspiel zu starten. Nach Spielablauf verlassen Sie das Spiel über das Menü Datei und Menüpunkt "Beenden".

Alternative: Programme können Sie auch innerhalb der Dateiliste starten (vgl. oben). Allerdings sind dann keine Zusätze (Parameter) möglich.

Sie können das Dialogfenster auch unverrichteter Dinge durch <Esc>-Taste oder Anklicken der Schaltfläche Abbrechen verlassen.

Drucken

Der Menüpunkt erlaubt Ihnen markierte Textdateien zu Dateien drucken. Beachten Sie: Der Befehl PRINT muß zuvor einmal ausgeführt worden sein. Sie können PRINT über den Menüpunkt Ausführen (vgl. oben) starten.

Ausführungsbeispiel:

ANWINFO.TXT im Verzeichnis DOS markieren und Menüpunkt Drucken wählen.

Verknüpfen

Sie können Nutzdateien mit festgelegten Namenserweiterungen entsprechenden Anwendungsprogrammen zuordnen; z.B. alle .TXT-Dateien dem Textprogramm WORD oder alle .BAS-Dateien dem BASIC-Interpreter QBASIC. Nach der Verknüpfung führt die Auswahl einer Nutzdatei (z.B. .TXT-Datei) mittels <Enter> oder Anklicken dazu, daß das zugehörige Anwendungsprogramm (z.B. WORD) startet und sofort die Nutzdatei lädt.

Ausführungsbeispiel:

DOS 5.0 wurde um einen Texteditor, eine Art Textprogramm ergänzt. Der Befehl, der den Texteditor aufruft, heißt EDIT. Wenn Sie die folgenden Schritte ausführen, wird dieser Editor immer dann aufgerufen, wenn Sie eine .TXT-Datei auswählen:

Sie stellen das Verzeichnis DOS ein. Markieren Sie die Datei INFO.TXT oder ANWINFO.TXT. Wählen Sie im Datei-Menü zuerst ***Auswahl aufheben***, dann ***Verknüpfen***. In der sich öffnenden Dialogbox erhalten Sie die Mitteilung:

.TXT-Dateien sind verknüpft mit:

In die Zeile darunter schreiben Sie EDIT. Klicken Sie OK an oder drücken Sie <Enter>.

Wenn Sie jetzt eine .TXT-Datei anklicken oder mit <Enter> wählen, wird das Programm EDIT.COM aufgerufen und der Text geladen.

Sie heben die Zuordnung wieder auf, indem Sie den Namen der Anwendung durch **Rücktaste** löschen.

Suchen

Der Menüpunkt Dateien Suchen ist besonders nützlich, wenn Sie vergessen haben, in welchem/welchen Verzeichnis(sen) sich eine oder mehrere Dateien verstecken.

Ausführungsbeispiel:

Wählen Sie "Suchen" im Datei-Menü. Tragen Sie unter "Suchen nach:" ein: *.TXT. Das bedeutet: Suche alle .TXT-Dateien. Drücken Sie die Tabulatortaste oder klicken Sie den nächsten Punkt, also "[ ] Ganzen Datenträger durchsuchen" an. Stellen Sie sicher, daß X in der eckigen Klammer steht (Leertaste oder Klick). Nochmal Klick auf OK oder <Enter>.

In der nun erscheinenden Dateiliste haben Sie wieder alle Möglichkeiten, die Ihnen die bereits bekannte Menüleiste bietet. Mit <Esc> beenden Sie die Suchfunktion.

Dateiinhalt anzeigen

Mit diesem Menüpunkt können Sie sich eine Datei sowohl im Textmodus (ASCII) als auch hexadezimal (HEX) anzeigen lassen. Beachten Sie: Falls mehrere Dateien markiert sind, ist der Menüpunkt inaktiv. Sie müssen dann zuvor im Dateimenü "Auswahl aufheben" anklicken oder <H> drücken.

Ausführungsbeispiel:

Markieren Sie die Datei DOSHELP.HLP im Verzeichnis DOS. Führen Sie den Menüpunkt "Dateiinhalt anzeigen" aus. Die Datei wird angezeigt. Der Menüpunkt Darstellung bietet Ihnen auch hexadezimale Darstellung des Textes. <Esc> bricht die Funktion ab. Ersatzweise führt Taste <F9> die Funktion aus.

Verschieben

Dateien verschieben bedeutet sie von einem Laufwerk/Verzeichnis in ein anderes zu transportieren.

Ausführungsbeispiel:

Wechseln Sie ins Verzeichnis DOS. Wählen Sie aus dem Datei-Menü den Punkt "Auswahl aufheben", um alle bisherigen Markierungen zu löschen. Markieren Sie die Datei INFO.TXT. Dann wechseln Sie ins Stammverzeichnis, dort in die Dateiliste und wählen den Menüpunkt "Verschieben" im Datei-Menü oder drücken <F7>. Eine Dialogbox gibt Ihnen Aufschluß über Quelle und Ziel Ihrer Transaktion. Sie können Quelle und Ziel noch ändern (Tab-Taste).

Sie können mehrere Dateien gleichzeitig bewegen, wenn Sie vor dem Menüaufruf mehrere Dateien - auch in unterschiedlichen Verzeichnissen - markieren. Voraussetzung: Im Optionen-Menü ist "Aus mehreren Dateien auswählen" eingestellt.

Kopieren

Das Kopieren von Dateien gleicht dem Vorgang des Verschiebens (vgl. oben) mit dem Unterschied, daß die Dateien im Quellverzeichnis nicht gelöscht werden. Das heißt, die kopierten Dateien bleiben im Quellverzeichnis erhalten. Den Kopiervorgang leiten Sie analog wie das Verschieben ein (vgl. dort) oder mit der Taste <F8>.

Hinweis:

> Wenn Sie öfter Dateien aus einem Verzeichnis in ein anderes kopieren, empfiehlt es sich im Menü Anzeige "Zweifache Dateiliste" zu wählen. Markieren Sie die gewünschten Dateien in dem/den Quellverzeichnis(sen). Gehen Sie mit dem Cursor ins Zielverzeichnis und beginnen Sie nun erst den Kopiervorgang im Datei-Menü. Das gleiche gilt für das Verschieben von Dateien.

Löschen

Dateien werden nicht inhaltlich gelöscht. Der Löschbefehl ändert Dateinamen im Inhaltsverzeichnis lediglich insoweit ab, als das erste Zeichen des Namens gegen das Zeichen σ (Nr. 229 des PC-Zeichensatzes) ausgetauscht wird. Deshalb ist eine Datei nach dem Löschen wiederherstellbar, wenn nicht anschließend eine andere Datei ihren Platz eingenommen hat (vgl. Befehl UNDELETE).

Der Löschvorgang wird nach dem schon bekannten Muster durchgeführt: Datei(en) markieren, <Entf>-Taste oder Menüpunkt Löschen wählen und <Enter> drücken oder OK anklicken. Verzeichnisse löschen Sie einzeln auf die gleichen Weise. Nur leere Verzeichnisse können gelöscht werden.

Umbenennen

Wenn Sie Verzeichnissen oder Dateien neue Namen geben wollen, gehen Sie wie folgt vor: Markieren Sie die das/die Verzeichnis/Datei(en), wählen Sie Umbenennen. Innerhalb der sich jetzt öffnenden Dialogbox geben Sie den/die neuen Namen ein.

Attribute ändern

Sie können Dateien durch Attribute kennzeichnen, die den Dateien zugeordnet werden:

Attribut	Bedeutung
Versteckt	Eine versteckte Datei wird im Inhaltsverzeichnis nicht angezeigt, es sei denn, Sie haben im Menü Optionen unter Dateianzeige die entsprechende Wahl getroffen. DOS findet versteckte Dateien, sie kann wie jede andere benutzt werden.
System	Mit System gekennzeichnete Dateien werden standardmäßig nicht angezeigt. Der Aufruf einer Befehlsdatei mit Systemattribut führt zur Meldung "Befehl oder Dateiname nicht gefunden", d.h., sie wird nicht ausgeführt.
Archiv	Dateien besitzen ein Archivattribut bis mit einem Datensicherungsbefehl (vgl. Befehl BACKUP) kopiert werden. Wird an der Datei nach dem Sichern eine Änderung vorgenommen, so setzt DOS das Archivattribut erneut.
Schreibgeschützt	Der Schreibschutz sichert eine Datei vor dem Löschen und Überschreiben.

Verzeichnis erstellen

Sie können ein neues Unterverzeichnis nur innerhalb der Bereiche Laufwerkliste und Verzeichnisstruktur der Shell einrichten. Markieren Sie das Verzeichnis, dem Sie ein neues Verzeichnis unterordnen wollen. Wählen Sie den Menüpunkt "Verzeichnis erstellen" und geben Sie einen Verzeichnisnamen Ihrer Wahl ein. Falls Sie ein Laufwerk markiert haben, erstellt DOS das Verzeichnis auf Stammverzeichnisebene. Sie löschen Verzeichnisse mit Hilfe des Menüpunkts "Löschen".

Alles auswählen

Mit diesem Menüpunkt markieren Sie auf einen Schlag alle Dateien eines Verzeichnisses. Voraussetzung: Der Cursor befindet sich im Bereich Dateiliste. Falls Sie alle Dateien eines Verzeichnisses verschieben, kopieren, löschen, umbenennen oder deren Attribute verändern wollen, benutzen Sie diese Funktion.

Auswahl aufheben

Alle bisher an Dateien angebrachten Markierungen werden über diesen Menüpunkt entfernt.

Beenden

Die DOS-Shell ist eine Befehlsdatei, ein Programm. Mit dem Menüpunkt "Beenden" führen Sie den geregelten Abbruch des Programmablaufs herbei. Alle von Ihnen getroffenen Voreinstellungen bleiben erhalten. Sie können die DOS-Shell jederzeit mit dem Befehl DOSSHELL neu starten, z.B.:

C:\> dosshell <Enter>

2.5.3.1.2 Programm-Manager

Sie aktivieren mit dem Datei-Menü den Programm-Manager, wenn der Cursor zum Zeitpunkt des Aufrufs im Bereich Hauptgruppe (oder in einer Untergruppe, z.B. Dienstprogramme) positioniert war.

Der Programm-Manager läßt Programme ausführen und gibt Ihnen die Möglichkeit, neue Menüpunkte zur Ausführung von beliebigen Programmen bereitzustellen, Menüpunkte zu ändern, zu kopieren und umzuordnen. Mit jedem Menüpunkt ist es möglich, ein oder mehrere Programme bzw. Befehle ausführen zu lassen. Ein Menüpunkt kann aber auch eine Gruppe von Programmen zugänglich machen. Sie können sich mit dem Programm-Manager Ihre persönliche Arbeitsumgebung schaffen, indem Sie Ihre Anwendungsprogramme in die Menüpunkte der Haupt- oder Untergruppen einbinden und durch den Programm-Manager starten lassen.

Ursprünglich zeigt die Hauptgruppe drei Programmaufrufe:

Menüpunkt	Durch den Menüpunkt aktiviertes Programm
Eingabeaufforderung	COMMAND.COM (DOS-Befehlsinterpreter)
Editor	EDIT.COM (DOS-Editier-Programm)
MS-DOS QBasic	QBASIC.EXE (BASIC Übersetzer)

In der Untergruppe Dienstprogramme sind weitere Programmaufrufe vorgesehen. Hinter den Menüpunkten der Haupt- und Untergruppen verbergen sich Aufrufe von Programmdateien, die in irgendeinem Verzeichnis der Platte, z.B. \DOS, abgelegt wurden.

Innerhalb des Programm-Managers gibt es folgende Bearbeitungsmöglichkeiten:

Neu

Einen neuen Menüpunkt erzeugen Sie im Datei-Manager folgendermaßen: Sie bringen die Markierung in den Bereich Hauptgruppe oder in eine Untergruppe, dann <Alt> und <D> drücken oder "Datei" anklicken. Der dann angezeigte Punkt "Neu" gibt Ihnen Gelegenheit, einen neuen Menüpunkt einzufügen.

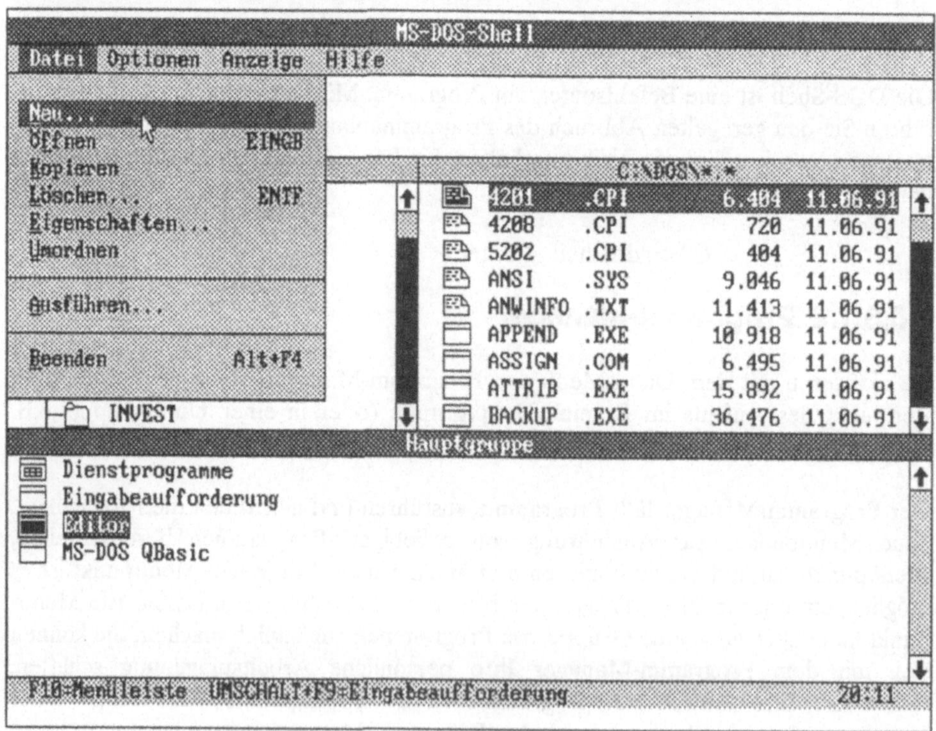

Abb. 12: Das Datei-Menü des Programm-Managers

Erstes Ausführungsbeispiel:

Der DOS-Befehl MEM (Programm MEM.EXE) gibt Ihnen einen Bericht über die Belegungssituation im Zentralspeicher. Ein Menüpunkt, der das Programm aktiviert, soll nun in der Hauptgruppe angelegt werden:

Rufen Sie den Programm-Manager auf und wählen Sie Menüpunkt "*Neu*".

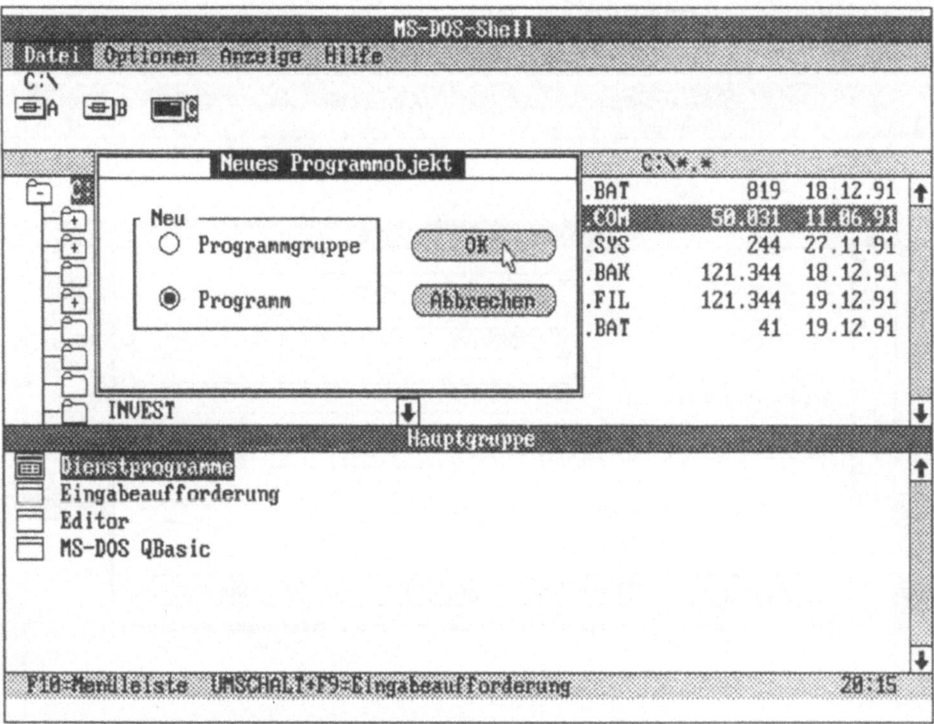

Abb. 13: Die erste Dialogbox des Menüpunkts ***Neu***

In der Dialogbox ist "Programm" markiert. Drücken Sie <Enter>. Eine weitere Dialogbox öffnet sich, in die Sie in die ersten beiden Felder Eintragungen wie in Abb. 9 vornehmen. Mit der <Tab>-Taste oder der <Pfeil-ab>- Taste springt der Cursor das nächste Eingabefeld an.

Programmtitel Speicherbelegung prüfen
(Das Feld nimmt den Text auf, mit dem der Menüpunkt angezeigt wird.)

Befehl(e) C:\DOS\MEM
(Das Eingabefeld dient dem/den entsprechenden Programmaufruf(en) bzw. Befehl(en). Im vorliegenden Fall soll der Menüpunkt das Programm MEM.EXE aus Verzeichnis C:\DOS starten.

Die restlichen Felder lassen Sie leer. Drücken Sie dann <Enter> oder klicken Sie OK an. Jetzt erscheint der Menüpunkt in der Hauptgruppe. Wenn Sie ihn anklicken, wird das Programm MEM.EXE ausgeführt.

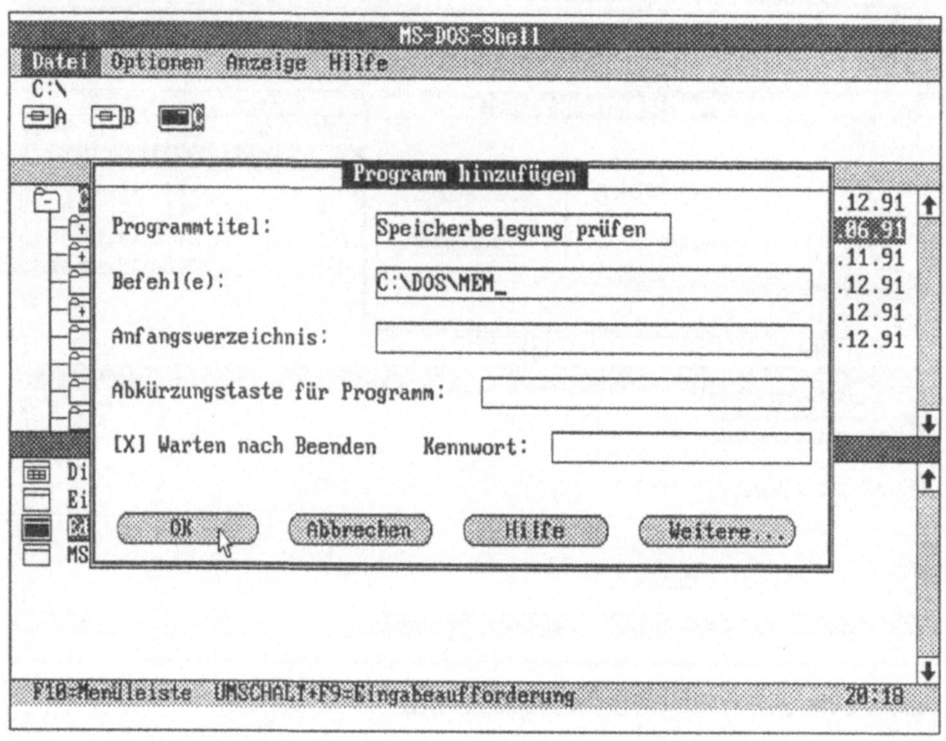

Abb. 14: Die zweite Dialogbox des Menüpunkts ***Neu***

Alternative:

Wenn Sie durch den Menüpunkt mehrere Befehle/Programme nacheinander aufführen wollen, müssen Sie in der Befehlszeile diese durch Leerstellen und Semikolons trennen, dazu ein Beispiel:

ECHO Momentane Arbeitspeicherbelegung: ; ECHO; C:\DOS\MEM

Diese Befehlsfolge bewirkt die Ausgabe eines Textes und einer Leerzeile vor der Ausführung von MEM.EXE.

Zweites Ausführungsbeispiel:

Um eine neue Gruppe von Menüpunkten einzurichten, wählen Sie nach Aufruf von "Neu" in der ersten Dialogbox mit <Pfeil-auf> "Programmgruppe". Der Titel soll "Anwendungen" sein (vgl. folgende Abbildung). "Optionale Angaben" dürfen fehlen. Schließen Sie mit <Enter> oder OK ab. Der Menüpunkt "Anwendungen" ist aufgenommen (Abb. 15).

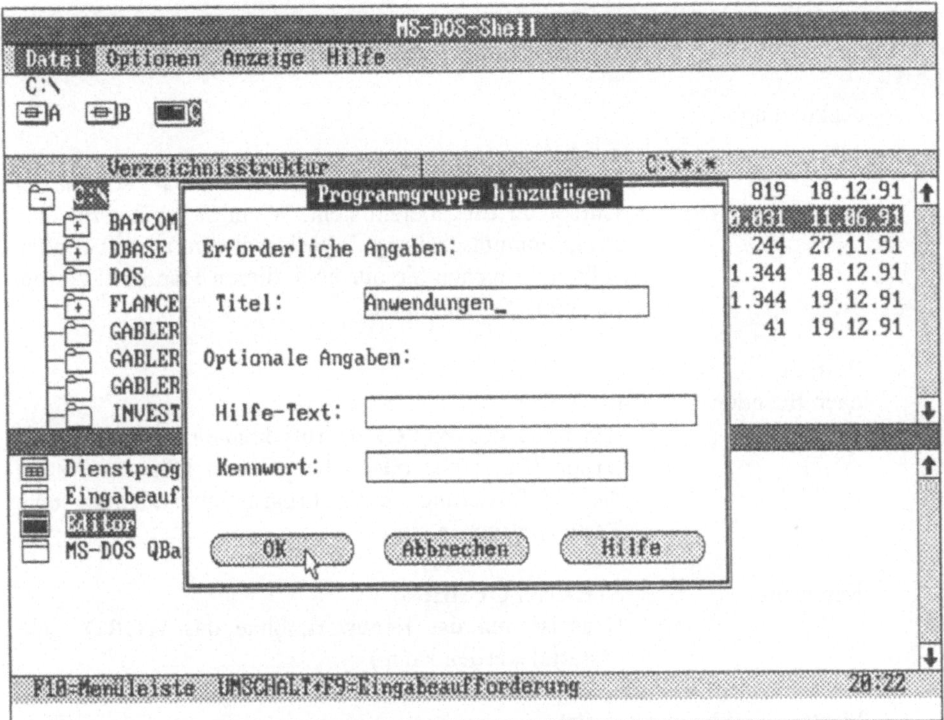

Abb. 15: Die Dialogbox ***Programmgruppe hinzufügen***

Drittes Ausführungsbeispiel:

Gehen Sie von folgender Annahme aus: Sie wollen das Textprogramm WORD 5.5 (WORD.EXE befindet sich im Verzeichnis C:\WORD) von einem Menüpunkt innerhalb der Menügruppe "Anwendungen" starten. Ihre Schriftstücke befinden sich im Verzeichnis C:\PRIVAT. Das Programm soll nicht von jedermann gestartet werden können.

Legen Sie das Verzeichnis PRIVAT auf C:\ mit dem Datei-Manager an. Rufen Sie den im vorangegangenen Ausführungsbeispiel eingerichteten Menüpunkt "Anwendungen" auf. Wählen Sie "Neu" im Datei-Manager-Menü. Die erste Dialogbox schließen Sie unverändert, d. h. mit der Markierung auf "Programm", ab. In der zweiten Dialogbox tragen Sie ein (vgl. Abb. 16):

Programmtitel	WORD mit Daten in C:\PRIVAT
Befehl(e)	C:\WORD\WORD (Aufruf von WORD.EXE im Verzeichnis C:\WORD)
Anfangsverzeichnis	C:\PRIVAT (Einstellen des Nutzdatenverzeichnisses)
Abkürzungs- taste	Alt + W (Drücken Sie die Tasten <Alt> + <W>, sobald der Cursor im Eingabefeld steht. Wenn Sie später die sog. Programmumschaltung (task-switching) verwenden sollten, brauchen Sie nur noch diesen Handgriff zu tun, um WORD aufzurufen.)
Warten nach Beenden	[ ] (Im Falle des WORD-Aufrufs können Sie das X entfernen (Leerstelle oder Klick). Dann läßt das System die Aufforderung, nach Programmbeendigung eine Taste zu drücken, weg.)
Kennwort	STRENG GEHEIM (Das ist nun das Kennwort, ohne das WORD nicht gestartet werden kann.)

Viertes Ausführungsbeispiel:

In manchen Fällen müssen Sie Programm- bzw. Befehlsaufrufen Parameter mitgeben. Auch das läßt der Programm-Manager zu, wenn Sie es vorsehen. Der Befehl CHKDSK prüft eine Platte oder Diskette. Im folgenden Beispiel verwenden Sie diesen Befehl, um einen neuen Menüpunkt in der Untergruppe "Dienstprogramme" einzurichten. Als Parameter muß beim Aufruf die Laufwerkbezeichnung zusätzlich eingegeben werden.

Wählen Sie die Untergruppe Dienstprogramme. Aktivieren Sie das Programm-Manager-Menü (<Alt> + <D> oder Klick auf "Datei"). Wählen Sie "Neu" und in der ersten Dialogbox "Programm". Füllen Sie die ersten beiden Felder wie in Abb. 17 aus:

Programmtitel	Datenträger prüfen (Dieser Text erscheint als Menüpunkt)
Befehl(e)	CHKDSK %1 (Der Befehl CHKDSK soll um einen Parameter ergänzt werden, der jedoch noch nicht feststeht. Die Zeichenfolge %1 teilt dem Programm-Manager mit, daß er eine Parametereingabe vom Benutzer anfordern muß.)

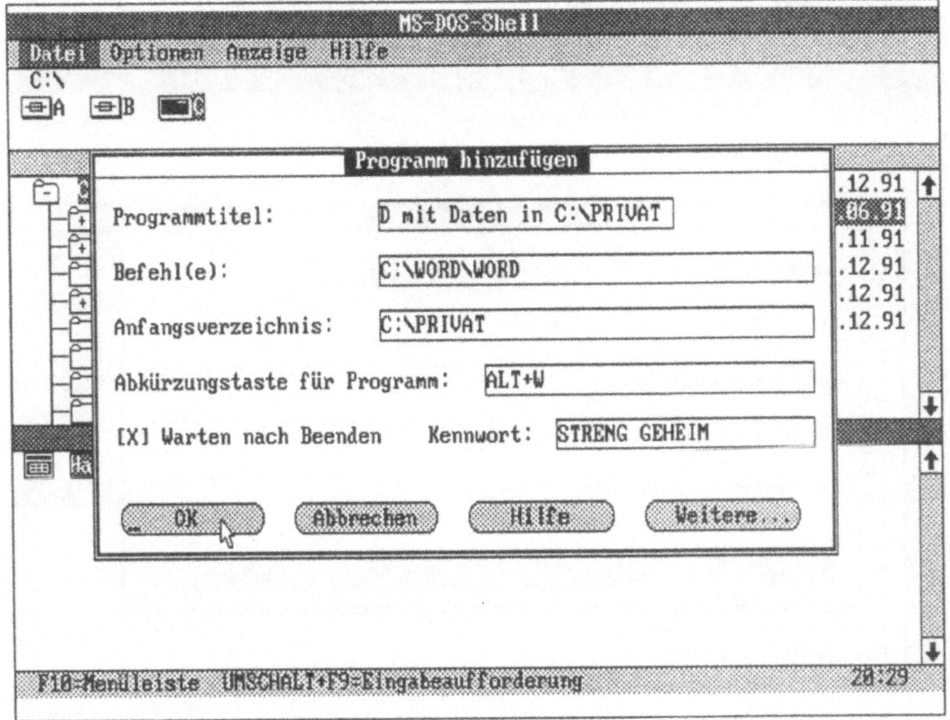

*Abb. 16: Die Dialogbox **Programm hinzufügen***

Jetzt drücken Sie <Enter>. Eine weitere Dialogbox öffnet sich, deren Felder Sie wie folgt ausfüllen (vgl. Abb. 18):

Titel des Dialogfeldes	Datenträger prüfen
Programm-information	Mit diesem Programm können Sie nur Laufwerke Ihres PC, nicht jedoch Netzlaufwerke prüfen. (Die Information teilt dem Anwender wichtige Eigenschaften des Programms mit.)

Aufforderungs-
text: Laufwerk?
(Hinweistext für das Eingabefeld)

Vorschlag: C:
(Hier machen Sie dem Anwender einen Parametervorschlag, den er jedoch überschreiben kann.)

Sobald Sie die Dialogbox mit <Enter> oder OK verlassen, ist der Menüpunkt kunstgerecht eingefügt.

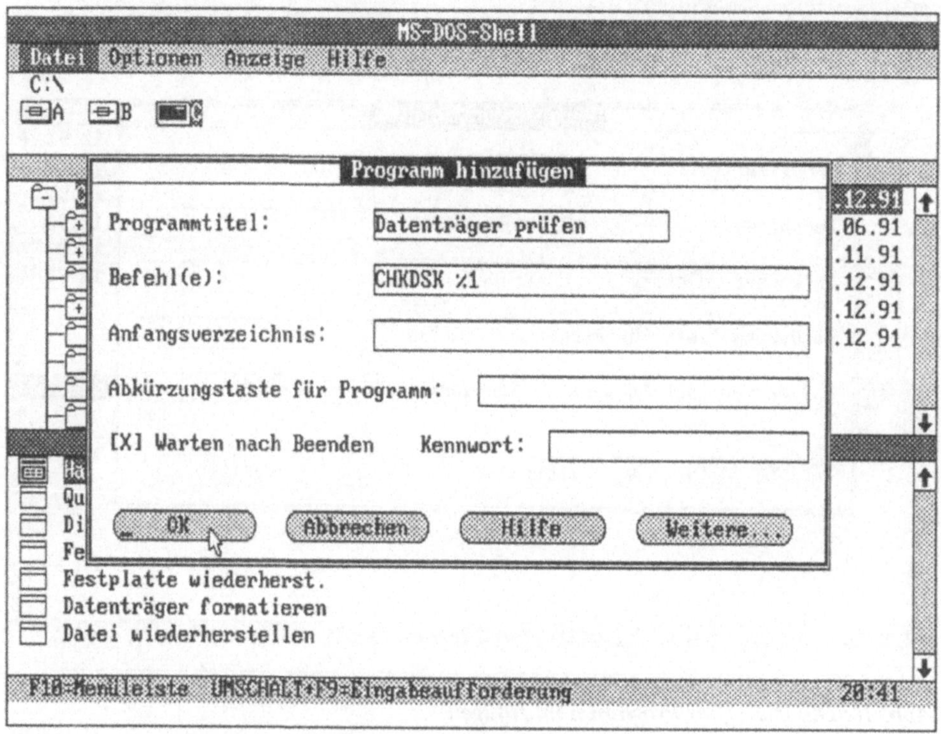

Abb. 17: Die Dialogbox ***Programm hinzufügen***

Öffnen

Einen Menüpunkt oder eine Programmdatei öffnen, heißt das Programm ausführen lassen. Dieser Menüpunkt startet das dem markierten Menüpunkt entsprechende Programm. Andere Möglichkeiten: Menüpunkt markieren und <Enter> oder Doppelklick. Oder im Datei-Manager die Programmdatei markieren und <Enter> oder Doppelklick.

Kopieren

Sie können Menüpunkte in andere Untergruppen kopieren.

Ausführungsbeispiel:

Den Menüpunkt "Speicherbelegung prüfen", den Sie in einem der vorangegangenen Ausführungsbeispiele in der Hauptgruppe angelegt haben, sollten Sie jetzt in die Untergruppe Dienstprogramme kopieren. Markieren Sie den betreffenden Punkt und wählen Sie "Kopieren" im Datei-Menü. Dann öffnen Sie die Programmgruppe "Dienstprogramme" und drücken <F2>.

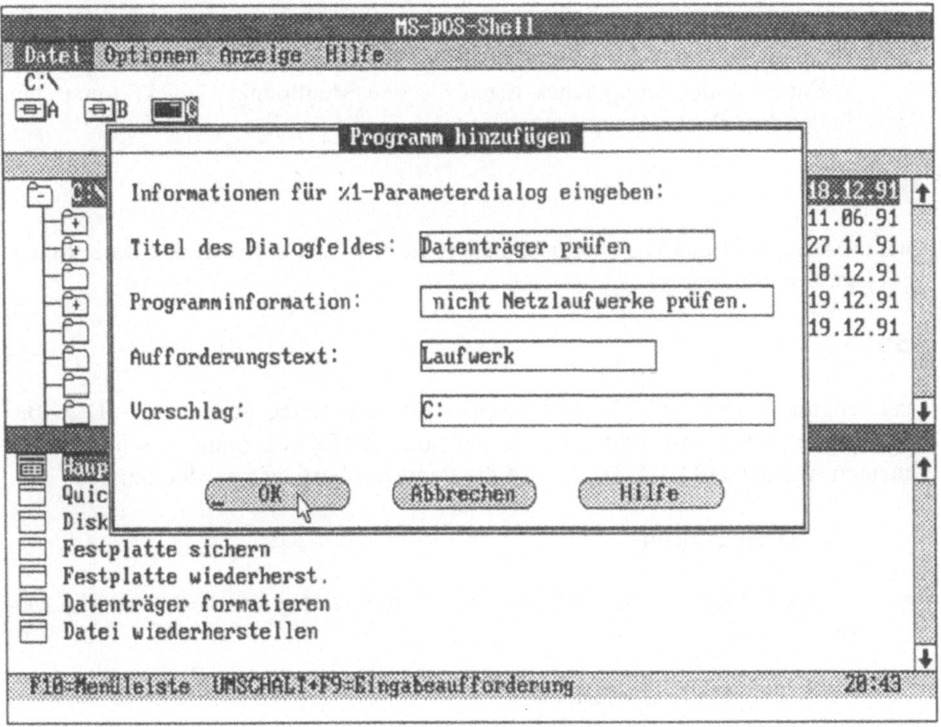

Abb. 18: Die Dialogbox für die Parameterdefinition

Löschen

Jeder Menüpunkt kann mit dieser Funktion entfernt werden. Programmgruppen müssen leer sein, um gelöscht zu werden.

Eigenschaften

Um Menüpunkte für Programme und Programmgruppen abzuändern, wählen Sie "Eigenschaften". Sie treffen dabei auf die gleichen Dialogboxen wie beim Menüpunkt "Neu".

Umordnen

Sie stellen die Reihenfolge der aufgelisteten Menüpunkte durch "Umordnen" um.

Ausführungsbeispiel:

Markieren Sie "QuickFormat" im Menü "Dienstprogramme". Wählen Sie "Umordnen" im Datei-Menü. Setzen Sie den Cursor auf "Hauptgruppe". Mit <Enter> oder Doppelklick fügen Sie den Menüpunkt "QuickFormat" nun hinter dem Punkt "Hauptgruppe" ein.

Ausführen

Dieser Menüpunkt des Programm-Managers ist identisch mit dem des Datei-Managers (vgl. Datei-Manager).

Beenden

Das Programm DOSSHELL wird beendet, die Steuerung geht an das DOS-Betriebssystem zurück. Am Bildschirm ist nur noch der DOS-Prompt zu sehen. Durch erneuten Aufruf von DOSSHELL wird die Benutzeroberfläche wieder aktiv.

Ausführungsbeispiel:

Im Datei-Menü wählen Sie "Beenden". Dann starten Sie die Oberfläche wieder:

C:\> DOSSHELL <Enter>

Wenn Sie mit dem Programm-Manager die auf den vorangegangenen Seiten vorgeschlagenen Menüpunkte eingerichtet haben, besitzt Ihre DOS-Shell nun folgende Menüstruktur:

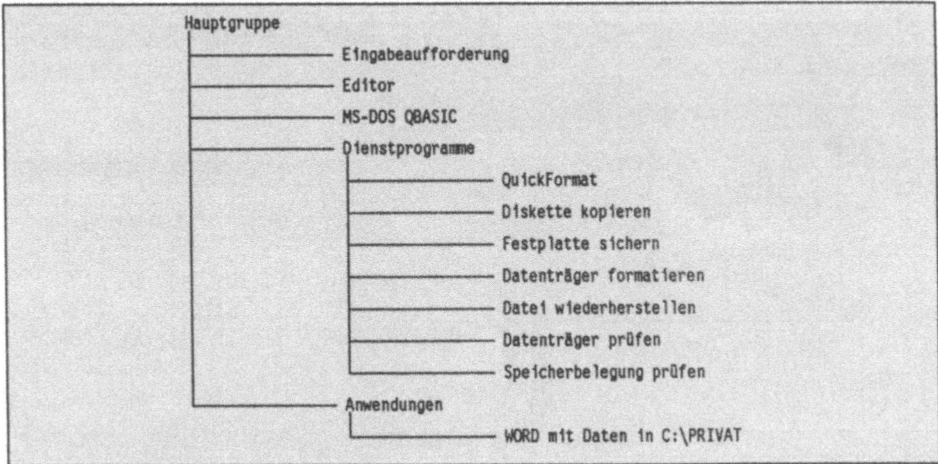

2.5.3.2 Menü Optionen

Das Optionen-Menü bietet Ihnen eine Reihe von Einstellungsmöglichkeiten der DOS-Shell. Die Einstellungen bleiben für die folgenden Sitzungen erhalten.

Bestätigen

Wenn Sie möchten, daß das System Bestätigen vor Lösch- und Ersetzungsvorgängen rückfragt, nutzen Sie diesen Menüpunkt. Sie können die Rückfrage an- und abschalten.

Dateianzeige

Mit den Wahlmöglichkeiten "Dateianzeige" sind Sie in der Lage, die Auswahl der angezeigten Dateien und ihre Anzeigefolge zu bestimmen. Die Eintragung *.* im Feld "Name" bedeutet, die Dateien werden unabhängig von der Namensgebung angezeigt.

Aus mehreren Verzeichnissen auswählen

Diese Option ermöglicht die Auswahl von Dateien aus unterschiedlichen Verzeichnissen, um sie zu kopieren, zu verschieben, zu löschen oder ihre Attribute zu ändern. Die Systemeigenschaft wird durch **Markierung aktiviert** oder **ohne Markierung ausgeschaltet.**

Informationen anzeigen

Die Dialogbox zeigt Informationen über die ausgewählte(n) Datei(en), das Verzeichnis und den Datenträger.

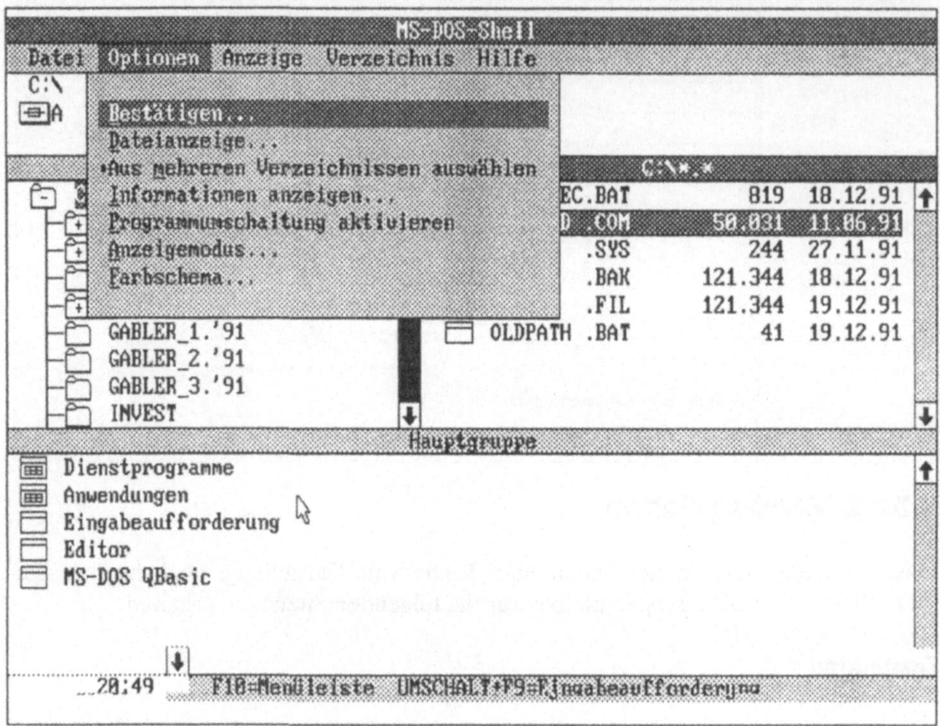

Abb. 19: Das Optionen-Menü

Programmumschaltung aktivieren

Hier stellt die DOS-Shell dem Benutzer einen besonderen Service bereit. Durch die Programmumschaltung, dem sog. **Task-Switcher**, schafft das System die Voraussetzung zum schnellen, problemlosen Übergang von einer Anwendung zu einer anderen. Sie sind nicht gezwungen, eine Anwendung zu beenden, bevor Sie die andere starten. Sie haben die Möglichkeit, mehrere Programme parallel zu laden. Während Sie zwischen den Programmen hin- und herschalten, wird immer nur eine Anwendung aktiv. Die anderen Anwendungen (tasks) werden augenblicklich samt ihren momentan geladenen Nutzdaten eingefroren. Der Datenaustausch zwischen den Anwendungsprogrammen ist dank des Task-Switchers einfacher geworden.

Für das Umschalten zwischen den Anwendungen benutzen Sie folgende Tastenkombinationen:

Tastenkombination	**Handhabung und Wirkung**
<Strg> + <Esc>	Vom Anwendungsprogramm zur DOS-Shell umschalten
<Alt> + <Esc>	Von einem Anwendungsprogramm zum nächsten in der Liste schalten. Das nächste Programm kann auch die DOS-Shell sein. Deshalb ist <Alt> + <Tab> oft günstiger.
<Alt> + <Tab>	Halten Sie <Alt> gedrückt, während Sie <Tab> betätigen, um ein Anwendungsprogramm zu wählen. Sobald Sie <Alt> loslassen, wird auf das zuletzt angezeigte Programm umgeschaltet.
<Umsch> + <Alt> + <Esc>	Wie <Alt> + <Esc>, jedoch in umgekehrter Reihenfolge

Erstes Ausführungsbeispiel:

Wählen Sie "Programmumschaltung aktivieren" im Optionen-Menü. Der Bildschirm öffnet im rechten unteren Teil einen neuen Bereich "Aktive Programme" (vgl. Abb. 20).

Starten Sie nun mit dem Datei- oder Programm-Manager ein Programm, z.B. Textverarbeitung WORD. Drücken Sie nun <Strg> + <Esc>. Die DOS-Shell erscheint wieder und zeigt WORD als aktives Programm. Nun starten Sie eine weitere Anwendung, z.B. dBASE. Jetzt haben Sie die Möglichkeit, mit den im oben aufgeführten Kasten genannten Tastenkombinationen eine Auswahl unter den aktiven Programmen zu treffen.

Noch bequemer geht es mit der Abkürzungstaste für ein Programm, die Sie innerhalb des Programm-Managers für einen Menü-Punkt vereinbaren (vgl. Programm-Manager, Menüpunkt Neu). Unter Abkürzungstaste versteht der Programm-Manager Tastenkombinationen. Das sind die Tasten <Umschaltung>, <Strg> und <Alt> in Verbindung mit einer Buchstaben- oder Zifferntaste.

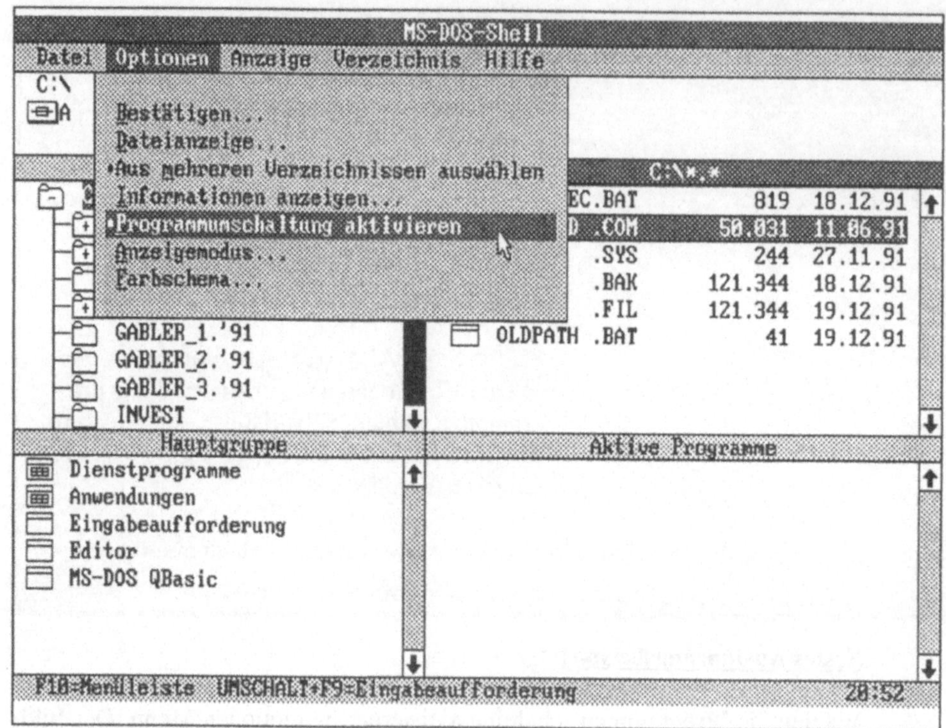

*Abb. 20: Der Bereich **Aktive Programme***

Hinweis:

> Unter der DOS-Shell setzen sich die im Programm-Manager vereinbarten Tastenkombinationen gegen evtl. gleiche der aufgerufenen Anwendungsprogramme durch. Beispiel: <Umschaltung> + <D> für den Aufruf eines Programmes bewirkt, daß Sie innerhalb eines nach diesem Programm aktivierten Textprogramms den Großbuchstaben D nicht verwenden können.

Zweites Ausführungsbeispiel:

Definieren Sie mit dem Programm-Manager zwei Menüpunkte, z.B. Textverarbeitung WORD und Datenbankverwaltung dBASE oder Sie verwenden zwei mal das gleiche Programm, jedoch mit verschiedenen Anfangsverzeichnissen. Legen Sie als Abkürzungstasten für Textverarbeitung <Alt> + <T> und z.B. für Datenbankverwaltung <Alt> + <D> fest. Starten Sie nacheinander beide Menüpunkte (hilfreich: Tasten <Strg> + <Esc> bzw. <Alt> + <Tab> vgl. oben). Schalten Sie nun mit den entsprechenden Tastenkombinationen zwischen beiden Anwendungen hin und her, ohne die Programme zu beenden. Suchen Sie zum Abschluß die DOS-Shell mit <Strg> + <Esc> auf. Die beiden Programme bleiben aktiv.

Ist die Programmumschaltung aktiv, so können Sie auch mit <Umschaltung> + <Enter> oder <Umschaltung> und Doppelklick Anwendungen in die Liste der aktiven Programme aufnehmen, ohne die Programme sofort zu starten.

Anzeigemodus

Die DOS-Shell kann in verschiedenen Text- und Grafikmodi arbeiten. Die Anzahl der möglichen Modi hängt von Ihrer Grafikkarte ab.

Farbschema

Wenn Sie einen Farbbildschirm besitzen, können Sie hier die gewünschte Farbkombination wählen.

2.5.3.3 Menü Anzeige

Im Anzeige-Menü entscheiden Sie sich für verschiedene Aufteilungen Ihres Bildschirms:

Menüpunkt	**Bedeutung**
Einfache Dateiliste	Die Verzeichnisstruktur eines Datenträgers und der Inhalt eines Verzeichnisses werden angezeigt.
Zweifache Dateiliste	Sie können damit zwei verschiedene Datenträger und Verzeichnisse gleichzeitig anzeigen lassen. Beim Verschieben und Kopieren von Dateien wird diese Anzeige bevorzugt (vgl. Datei-Manager: Verschieben, Kopieren).
Nur Dateien	Die Liste zeigt auf der rechten Seite zusammenhängend alle Dateien aller Verzeichnisse des Datenträgers. Links stehen alle Informationen über die markierte Datei.
Programme und Dateien	Standardanzeige
Nur Programme	Nur Programme und Programmgruppen sind zu sehen.
Anzeige neu aufbauen	Setzt die Anzeige auf den Ausgangszustand zurück, z.B. alle Bildlaufleisten

Aktualisieren	Die Dateilisten werden aufgefrischt. Hat z.B. ein Anwendungsprogramm eine Datei im aktuellen Verzeichnis abgelegt, zeigt dies die DOS-Shell nicht unmittelbar an. Zuvor müssen erneut die gesamten Verzeichnis- und Dateiinformationen des Datenträgers gelesen werden.

2.5.3.4 Menü Verzeichnis

Die Anzahl der sichtbaren Verzeichnisebenen im Bildschirmbereich Verzeichnisstruktur ist variabel. Sie können die Staffelungstiefe des markierten Verzeichnisses selbst bestimmen. Wenn Sie die Maus oder die Tastatur zu Hilfe nehmen (zu Tasten vgl. Pull-Down-Menü) geht die Umstellung schneller von statten.

2.5.3.5 Menü Hilfe

Im Hilfe-Menü erhalten Sie Hinweise zu Grundlagen im Umgang mit der DOS-Shell, zur Tastatur, zu Befehlen, Verfahren usw. Die DOS-Shell-Hilfe erhalten Sie auch gezielt zur aktuellen Arbeitssituation, wenn Sie <F1> drücken.

2.6 Grundlegende DOS-Befehle

Das Betriebssystem ist dazu da, eine Kommunikationsebene zwischen dem Computer und seinem Benutzer zu schaffen. Der Benutzer kann mit dem Betriebssystem durch **Befehle** verkehren. Der Computer führt die Befehle aus oder macht den Benutzer auf Eingabefehler aufmerksam. Zwischen Benutzer und Betriebssystem entwickelt sich ein **Dialog**.

DOS-Befehle rufen Dienstprogramme des Betriebssystems auf. Es kann sich dabei um **interne** (residente) oder **externe** (transiente) Befehle handeln. Interne Befehle lädt das Betriebssystem beim Systemstart automatisch in den Zentralspeicher, während externe Befehle für den jeweiligen Gebrauch immer von der Platte abgerufen werden.

<u>Hinweise:</u>

- DOS-Befehle gibt der Benutzer am DOS-Prompt (Systemanfrage, Eingabeanforderung) ein. Falls Sie mit der DOSSHELL - der Benutzeroberfläche des DOS - gestartet sind, gelangen Sie über den Menüpunkt "Eingabeanforderung" der Hauptgruppe oder über das Datei-Menü, Punkt "Beenden", zur DOS-Befehlsebene.

- In den Abschnitten 2.6 bis 2.8 werden die wichtigsten DOS-Befehle erläutert. Die Auswahl orientiert sich an Erfahrungen aus dem Alltag des "Normalanwenders".
- In den folgenden Befehlsbeispielen gehen die Autoren von einem PC mit zwei Diskettenlaufwerken (A: und B:) und einem Festplattenlaufwerk (C:) aus. Ist Ihr PC mit nur einem Diskettenlaufwerk A: und einer Festplatte C: ausgestattet, müssen Sie in einigen der Beispiele das Laufwerk B: durch C: ersetzen.
- Bei der Eingabe von Befehlen macht DOS keinen Unterschied zwischen Klein- und Großbuchstaben. Einige Befehle fordern zusätzliche Eingaben des Benutzers an.
- In den folgenden Darstellungen der DOS-Befehlsformate sind Befehlszusätze in eckigen Klammern angegeben. Der Befehl wird auch ohne Eingabe dieser Zusätze richtig ausgeführt. Die Zusätze dienen dazu, den Befehlsablauf auf die aktuellen Bedürfnisse des Benutzers abzustimmen, d.h. das Ergebnis anzupassen. Auf die Befehlszusätze, sog. **Parameter**, wird in den folgenden Abschnitten nur insoweit eingegangen, als dies den Autoren für den Einstieg in MS-DOS dienlich erschien.
- Der Hinweis **intern** bzw. **extern** gibt Aufschluß darüber, ob die Befehle beim Systemstart im Arbeitsspeicher resident geladen wurden (intern) oder von der Platte zur Ausführung geladen werden müssen (extern). Der Aufruf externer Befehle kann die Systemnachricht "Falscher Befehl oder Dateiname" verursachen. In diesem Falle wurde der Befehl nicht gefunden. Interne Befehle werden auch ***resident***, externe ***transient*** genannt.

2.6.1 Verzeichnis anzeigen (DIR)

DIR [Pfad][Datei] [/B][/L][/P][/W][/S][/A:Attribut][/O:Sortierfolge]	(intern)

Alle auf einer Platte gespeicherten Dateien registriert DOS im Platteninhaltsverzeichnis. Der Befehl **DIR** zeigt Ihnen, welche Dateien Sie auf der Diskette/Platte besitzen. DIR ist die Abkürzung von directory (Verzeichnis).

Als Befehlszusätze können Sie einen Pfad (Laufwerk und/oder Verzeichnisangabe) und die Dateibezeichnung eingeben. Weitere Parameter dienen der selektiven und sortierten Darstellung.

Ausführungsbeispiel:

```
C:\>dir a:
 Datenträger in Laufwerk A ist GABLER
 Datenträgernummer: 314D-07C8
 Verzeichnis von A:\

AUTOEXEC BAT       341  28.05.91  22.12
CONFIG   SYS       114  28.05.91  21.31
ANSI     SYS      9149  13.04.89  12.00
ASSIGN   COM      5769  13.04.89  12.00
ATTRIB   EXE     18279  13.04.89  12.00
BACKUP   COM     37136  13.04.89  12.00
CHKDSK   COM     18443  13.04.89  12.00
COMMAND  COM     38594  13.04.89  12.00
COMP     COM      9603  13.04.89  12.00
COUNTRY  SYS     12838  . . .
                                  usw.
```

Abb. 21: Ausführung des DIR-Befehl für das Laufwerk A:

Parameter und ihre Wirkung für die Anzeige

/B Dateinamen ohne weitere Informationen
/L Dateinamen in Kleinschreibung
/P Anzeige erfolgt bildschirmweise
/S Anzeige mit allen Unterverzeichnissen
/W Breite Darstellung ohne weitere Informationen
/A Nur Dateien mit dem/den angegebenen Attribut(en) werden angezeigt. Ein Minuszeichen vor den Attributen kehrt die Wirkung um.

Attribute	Selektion
A	Ungesicherte Dateien (archiv)
D	Nur Verzeichnisse (directory)
H	Versteckte Dateien (hidden)
R	Schreibgeschützte Dateien (read only)
S	Systemdateien (system)

/O Legt das Sortierkriterium fest. Ein Minuszeichen vor der Option kehrt die Sortierfolge um.

Option	Sortierung
D	Nach Datum und Uhrzeit, ältere Dateien zuerst
E	Nach Dateinamenserweiterung
G	Verzeichnisse am Anfang
N	Nach Dateiname
S	Nach Dateigröße, kleinere Dateien zuerst.

Beispiele DOS-Befehle:	**Systemreaktion:**
`C:\> dir b:autoexec.bat`	Das Verzeichnis der Diskette B: wird nur hinsichtlich der Datei AUTOEXEC.BAT angezeigt.
`C:\> dir a: /a:s`	Nur die Systemdateien auf der Diskette in Laufwerk A: werden angezeigt.
`C:\> dir /p/o:-d`	Das Verzeichnis wird bildschirmweise mit den jüngeren Dateien zuerst angezeigt.
`C:\> dir \dos /w`	Das Verzeichnis \DOS auf C: wird in breiter Darstellung gezeigt.
`C:\> dir /a:h /o:s`	Zeigt alle versteckten Dateien nach ihrer Größe sortiert.

Einzelne Dateien und Dateigruppen anzeigen

Der DIR-Befehl kann, wie einige weitere DOS-Befehle, auf einzelne Dateien und auf Gruppen von Dateien angewendet werden. Um Dateigruppen zu bilden, benutzt man sog. **Platzhalter** oder **Joker**. Der Platzhalter * (Stern, engl. asterisk) steht für beliebige Zeichen in einem Dateinamen oder einer Erweiterung. Beispiele für die Zusammenfassung von Dateien zu Dateigruppen:

Einzelne Dateien	Dateigruppe
BRIEF.TXT MAHNUNG.TXT ANGEBOT.TXT	*.TXT
FRIST.SIK FREITAG.BAK FROHSINN.$$$	FR*.*

Alle Dateien eines Inhaltsverzeichnisses faßt man durch den Ausdruck *.* zusammen. Ein weiterer Platzhalter, das ? (Fragezeichen), ersetzt nur ein einzelnes Zeichen.

Einzelne Dateien	Dateigruppe
VERTRAG1.TXT VERTRAG2.TXT VERTRAG3.TXT	VERTRAG?.TXT

Um einzelne Dateien oder Dateigruppen des Verzeichnisses anzuzeigen, schreiben Sie die Dateibenennung direkt hinter den DIR-Befehl. Die Dateibenennung kann eine einzelne Datei oder eine Dateigruppe sein, wie die folgenden Beispiele zeigen.

Weitere DOS-Befehle:	**Systemreaktion:**
`C:\> dir *.com`	Anzeige aller Dateien mit der Erweiterung .COM
`C:\>dir uni*.txt`	Anzeige aller Dateien, deren Name mit UNI beginnt und deren Erweiterung .TXT lautet.
`C:\> dir b:*.txt /p/o:n`	Bildschirmweise Anzeige aller Dateien im Stammverzeichnis von B: mit der Namenserweiterung .TXT nach Namen sortiert.
`C:\> dir bfa* /o:-d /s`	Anzeige aller Dateien im Stammverzeichnis von C: und allen Unterverzeichnissen, die mit den 3 Zeichen BFA anfangen, in umgekehrter Reihenfolge ihres Datums.
`C:\> dir *.`	Anzeige aller Dateien und Verzeichnisse ohne Namenserweiterung

2.6.2 Datum und Zeit einstellen (DATE, TIME)

Datum einstellen

DATE	(intern)

Erstellen oder verändern Sie eine Datei, wird sie unter Systemdatum und -zeit gespeichert. Der Befehl **DATE** gestattet Ihnen, das Datum zu verändern. Mit ihm können Sie auch den zu einem bestimmten Datum passenden Wochentag abfragen (Kalenderfunktion).

Ausführungsbeispiel:

```
C:\> date
Datum: Sa, 02.11.1991
Neues Datum  (TT.MM.JJ): 08.12.91
```

Abb. 22: Datum ändern

Zeit einstellen

TIME	(intern)

Die Systemzeit des PC kann mit dem Befehl **TIME** abgefragt und verändert werden.

Ausführungsbeispiel:

```
C:\> time
Gegenwärtige Uhrzeit: 12:07:10,73
Neue Uhrzeit: 11.07
```

Abb. 23: Die Uhr des PC einstellen

2.6.3 Diskette/Platte formatieren (FORMAT)

FORMAT Laufwerk: [/F:Größe] [/Q][/S]	(extern)

Auf fabrikneuen Disketten/Platten kann Ihr PC nicht ohne weiteres schreiben und lesen. Weil es zu viele verschiedene Formate gibt, legen die Hersteller nicht von vornherein fest, wie viele Spuren und Sektoren eine Diskette besitzen soll. Das müssen Sie mit dem Befehl **FORMAT** besorgen. Dabei wird auf der Diskette/Platte auch ein Inhaltsverzeichnis und eine Dateibelegungstabelle angelegt, damit das System alle Dateien nach ihrem Namen und ihrem Standort auf der Diskette/Platte registrieren kann.

Insgesamt gibt es beim FORMAT-Befehl neben der zwingend notwendigen Laufwerksangabe 10 verschiedene alternative Parameter. Doch mehr als die 3 hier vorgestellten Parameter werden Sie nicht brauchen.

Nutzdatendiskette formatieren

Der in der Praxis häufigste Fall ist die Formatierung von Nutzdatendisketten. Dies sind i.d.R. Disketten, auf denen Sie Ihre Dateien sichern oder weitergeben. Die Angabe eines Parameters erübrigt sich in den meisten Fällen.

Ausführungsbeispiel:

```
C:\> format a:
Neue Diskette in Laufwerk A: einlegen
und anschließend die EINGABETASTE drücken...

Prüfe bestehendes Datenträger-Format.
Formatiere 1.44 MB
100 Prozent des Datenträgers formatiert
  Formatieren beendet

Datenträgerbezeichnung (11 Zeichen, EINGABETASTE für keine)? Gabler '91

   1457664 Byte Gesamtspeicherbereich
   1457664 Byte auf dem Datenträger verfügbar
```

Fortsetzung:

```
      512 Byte in jeder Zuordnungseinheit
     2847 Zuordnungseinheiten auf dem Datenträger verfügbar

Datenträgernummer: 2C2A-13E9
Eine weitere Diskette formatieren (J/N)? n
```

Abb. 24: Formatieren einer Nutzdatendiskette in Laufwerk A:

MS-DOS formatiert eine Diskette immer mit der größtmöglichen Kapazität des betreffenden Laufwerks. Im Beispiel wurde eine 1,44MB-Diskette von hoher Dichte (Aufdruck 2HD oder 2S/HD, Two/double-sided High Density) in einem 3,5" Laufwerk formatiert. Diese Disketten herrschen heute bei PCs mit Prozessoren ab der Klasse 80286 (AT und NEAT-Klasse) vor. Mit DOS 5.0 kam das Format der 2,8MB-Diskette neu hinzu. Bei einigen Modellen dieser Klasse gibt es auch 5,25"-Laufwerke mit 1,2MB maximaler Kapazität (Aufdruck MD2-HD, 2HD oder 2S/HD). Oft werden beide Laufwerktypen in einen PC eingebaut. In beiden Fällen formatieren Sie völlig ohne Angabe von zusätzlichen Parametern (wie oben), solange Sie HD-Disketten benutzen. Die Laufwerkangabe ist jedoch obligatorisch.

Typisch für die PCs der XT-Klasse (Prozessoren 8086, 8088, 80C88) sind Laufwerke mit doppelter Dichte in beiden Größen 5,25" (360KB) und 3,5" (720KB). Dort formatieren Sie nur Disketten mit der Kennzeichnung 2DD, 2S/DD, DS/DD oder 2S/2D (Two/double-sided Double Density). Auch in diesem Falle erübrigt sich eine zusätzliche Parameterangabe.

DD-Disketten sind billiger als HD-Disketten. Sie können jedoch nur einen Teil der Datenmenge ihrer leistungsfähigeren Schwestern speichern. Trotzdem gibt es Gründe, DD-Disketten zu benutzen, auch wenn der PC mit einem HD-Laufwerk ausgestattet ist:

- Sie wollen nur geringe Datenmengen speichern, z.B. für den Versand.
- Sie wollen Daten von einem PC mit HD-Laufwerk auf einen PC mit DD-Laufwerk übertragen.

In diesem Falle geben Sie zusätzliche Parameter an, und zwar bei 5,25"-DD-Disketten Parameter ***/F:360*** (in früheren DOS-Versionen /4) und für 3,5"-DD-Disketten Parameter ***/F:720*** (in früheren DOS-Versionen /N:9 /T:80, für 9 Sektoren, 80 Spuren).

Ausführungsbeispiel:

```
C:\> format a: /f:720
Neue Diskette in Laufwerk A: einlegen
und anschließend die EINGABETASTE drücken...

Prüfe bestehendes Datenträger-Format.
Formatiere 720 KB
100 Prozent des Datenträgers formatiert
  Formatieren beendet

Datenträgerbezeichnung (11 Zeichen, EINGABETASTE für keine)? Gabler '91

   730112 Byte Gesamtspeicherbereich
   730112 Byte auf dem Datenträger verfügbar

     1024 Byte in jeder Zuordnungseinheit
      713 Zuordnungseinheiten auf dem Datenträger verfügbar

Datenträgernummer: 065B-1901

Eine weitere Diskette formatieren (J/N)?n
```

Abb. 25: Formatieren einer DD-Diskette in einem 3,5" HD-Laufwerk

Das Beispiel zeigt die Formatierung einer 720KB-Diskette in einem 1,44MB-HD-Laufwerk. Eine Zuordnungseinheit (engl. cluster) ist eine aufeinanderfolgende Gruppe von Sektoren. Eine Datei wird immer in Clustern gespeichert. Auch die kleinste Datei belegt mindestens einen Cluster. Die 720KB-Diskette besitzt Cluster von 2 Sektoren Länge (=1024B). Bei dieser Diskette hätte eine Datei von 1 Zeichen Länge den gleichen Platzbedarf wie eine von 1024 Zeichen. Eine Datei mit 1025 Zeichen würde schon 2 Cluster beanspruchen. Die 1,44MB-Diskette verwaltet Daten rationeller, dort ist ein Cluster nur 1 Sektor (= 512 Byte) groß (vgl. oben).

Typ	Format	HD-Laufwerk	Parameter in DOS 5.00	Alternativ-parameter
2S/DD	360KB	5,25"	/F:360	/4 (ab DOS 3.0)
2S/HD	1,2MB	5,25"	keiner	keiner
2S/DD	720KB	3,5"	/F:720	/N:9 /T:80 (ab DOS 3.3)
2S/HD	1,44MB	3,5"	/F:1.44	keiner
2S/HD	2,88MB	3,5"	/F:2.88	keiner

Abb. 26: Diskettenformate und FORMAT-Parameter bei der Formatierung in HD-Laufwerken

Boot-Diskette formatieren

Es empfiehlt sich jedem Benutzer, eine ladefähige Diskette (sog. Boot-Diskette, engl. boot = Stiefel) in der Schublade zu haben. Dafür gibt es Gründe:

- Es wurden versehentlich oder absichtlich wichtige Systemdateien auf C: gelöscht oder umbenannt. Ein Start über die Festplatte gelingt nicht mehr.
- Die Festplatte C: hat einen nicht behebbaren Fehler. Sie muß ausgetauscht werden.

Mit einer Boot-Diskette können Sie Ihren PC trotzdem starten und verwenden. Dazu sollten Sie nicht die Original-Betriebssystemdiskette einsetzen, die gehört in den verschließbaren Schrank für die Lizenzprogramme.

Eine Boot-Diskette besitzt mindestens 3 Betriebssystemdateien. Beim PC sind das die Dateien: COMMAND.COM, IO.SYS (IBMBIO.COM) UND MSDOS.SYS (IBMDOS.COM). Die beiden letzten sind verborgene Dateien. Der Parameter /S veranlaßt die automatische Übernahme dieser Dateien beim Formatieren.

Ausführungsbeispiel:

```
C:\> format a: /s
Neue Diskette in Laufwerk A: einlegen
und anschließend die EINGABETASTE drücken...

Prüfe bestehendes Datenträger-Format.
Formatiere 1.44 MB
  100 Prozent des Datenträgers formatiert
Formatieren beendet
Systemdateien übertragen

Datenträgerbezeichnung(11 Zeichen, EINGABETASTE für keine)?

   1457664 Byte Speicherplatz auf dem Datenträger insgesamt
    121856 Byte vom System benutzt
      2560 Byte in fehlerhaften Sektoren
   1333248 Byte auf dem Datenträger verfügbar

       512 Byte in jeder Zuordnungseinheit
      2604 Zuordnungseinheiten auf dem Datenträger verfügbar

Datenträgernummer: 0C11-14CF

Eine weitere Diskette formatieren (J/N)?n
```

Abb. 27: Formatieren einer Boot-Diskette

Beim Formatieren hat das System 5 fehlerhafte Sektoren (= 2560 Byte) ausgemacht. Kein Grund zur Panik, die Diskette ist brauchbar. Das System verwendet die fehlerhaften Sektoren nicht. Das Beispiel zeigt, daß 121856 Byte (= 119KB) vom Betriebssystem belegt wurden. Es handelt sich hier lediglich um die oben genannten 3 Dateien.

Um die Diskette wirklich gebrauchsfähig zu machen, müssen Sie nun noch weitere Dateien auf die Diskette kopieren (vgl. COPY-Befehl, Abschn. 2.8). Um mit landesüblichen Anpassungen starten zu können, brauchen Sie folgende Dateien im Stammverzeichnis der Diskette:

AUTOEXEC.BAT
COMMAND.COM
CONFIG.SYS
COUNTRY.SYS
KEYB.COM
KEYBOARD.SYS

Die Datei CONFIG.SYS sollte mindestens den folgenden Befehl beinhalten:

COUNTRY=049

Die Datei AUTOEXEC.BAT sollte wenigstens die folgenden beiden Befehle aufweisen:

PROMPT PG
KEYB GR

Sie erstellen diese Dateien mit dem Texteditor (vgl. DOS-Shell) oder mit WORD.

Hinweis:
Falls es Ihnen nicht auf Anhieb gelingen sollte, eine Boot-Diskette zu formatieren, können Sie auch so vorgehen:

- Formatieren Sie ohne Parameter /S
- Geben Sie unmittelbar nach dem Formatieren den Befehl SYS A: oder SYS B:, je nachdem wo Ihre Diskette liegt.

Der SYS-Befehl überträgt die Systemdateien nachträglich, allerdings nur, wenn noch keine anderen Dateien gespeichert wurden.

Falls Sie die Meldung erhalten,

```
DOS-Diskette in Laufwerk A: einlegen
und anschließend Eingabetaste betätigen..."
```

findet das System wichtige Dateien nicht auf dem aktuellen Laufwerk. Folgen Sie der Anweisung (Original-Diskette einlegen) oder verfahren Sie wie oben beschrieben.

Festplatte formatieren

Eine Festplatte kann abschließend erst dann formatiert werden, nachdem die sog. Low-Level-Formatierung, die Anmeldung im Konfigurationsspeicher (system configuration setup) und die Aufteilung der Platte in Partitions (Befehl FDISK) durchgeführt wurde. Dies sind Arbeiten für PC-Fachleute und werden im Rahmen dieses Bandes nicht besprochen. Der FORMAT-Befehl für Festplatte C: wird nach dem Start mit einer Boot-Diskette in A:, auf der sich die Datei FORMAT.COM befindet, mit dem Parameter /S ausgeführt. Für weitere Platten ist außer der Angabe des Ziellaufwerks kein Parameter notwendig.

Weitere DOS-Befehle	**Systemreaktion:**
`C:\> format b: /f:720 /s`	Im Laufwerk B: wird eine Boot-Diskette mit 720KB Speicherkapazität formatiert.
`C:\> format b: /n:9 /t:80 /s`	Die gleiche Prozedur läuft ab, es wurden Format-Parameter verwendet, die vor DOS-Version 5.00 üblich waren.
`A:\> format c: /s`	Die Festplatte C: wird formatiert.

2.6.4 Diskette kopieren (DISKCOPY)

DISKCOPY Quellenlaufwerk: Ziellaufwerk:	(extern)

Es gibt viele Gründe dafür, eine Diskette vollständig zu kopieren. Sie wollen Nutz-/Programmdateien weitergeben, eventuell versenden, oder teure Lizenzprogramme sollen vor Verlust gesichert werden für den Fall, daß die originale Lizenzdiskette infolge Beschädigung unlesbar wird. **DISKCOPY** stellt eine vollkommen identische Kopie der ursprünglichen Diskette her.

Ausführungsbeispiel:

```
C:\> diskcopy a: a:

Quellendiskette in Laufwerk A: einlegen

Eine beliebige Taste drücken, um fortzusetzen

Kopiert werden 80 Spuren
mit 18 Sektoren je Spur, 2 Seite(n)

Zieldiskette in Laufwerk A: einlegen

Eine beliebige Taste drücken, um fortzusetzen
```

Fortsetzung:

```
Diskette wird beim Kopieren formatiert
Quellendiskette in Laufwerk A: einlegen

Eine beliebige Taste drücken, um fortzusetzen
   .  .  .
   .  .  usw.

Datenträgernummer: 10D5-125E

Eine weitere Diskette kopieren (J/N)?n
```

Abb. 28: Nachrichten des DISKCOPY-Befehls

Das Beispiel zeigt das Kopieren einer Diskette mittels nur eines Laufwerks. In diesem Fall sind Quellenlaufwerk und Ziellaufwerk identisch und DISKCOPY fordert Sie solange zum Diskettenwechsel auf, bis alle Daten kopiert wurden.

Hinweise:

- DISKCOPY formatiert die Zieldiskette, falls dies noch nicht geschehen.
- DISKCOPY löscht alle Dateien der Zieldiskette, also ist Vorsicht geboten. Verwenden Sie nur Zieldisketten, bei denen Sie sicher wissen, daß sie keine wichtigen Dateien enthalten. Sichern Sie unbedingt die Quellendiskette mittels Schreibschutz, damit Fehlbedienung keinen Schaden anrichtet.
- DISKCOPY kann nur auf eine Zieldiskette mit der gleichen Beschaffenheit und Größe wie die Quellendiskette kopieren (anders als COPY und XCOPY).
- DISKCOPY kann nur auf Disketten, nicht auf Magnetplatten (Fest- oder Wechselplatten) angewendet werden.

2.7 Dateiorientierte DOS-Befehle

2.7.1 Dateien kopieren (COPY)

COPY Quelle [Ziel] /V	(intern)

Der Befehl **COPY** kopiert Dateien. Sie verwenden den Befehl, um Dateien auszutauschen oder Sicherungskopien zu erstellen.

Für **Quelle** können folgende Angaben stehen:

- Eine Dateibenennung, z.B. A:\TEXT*.TXT
- Ein Verzeichnis, z.B. A:\TEXT
- Der DOS-Name für ein Eingabegerät, z.B. CON für Tastatur (Konsole, CON ist in DOS die Einheit von Tastatur und Bildschirm, also sowohl Eingabe- als auch Ausgabegerät).

Quelle darf nicht aus der bloßen Laufwerksbezeichnung bestehen.

Ziel kann sein:

- Ein Laufwerk, z.B. A:
- Eine Dateibenennung, z.B. C:\KUNDEN\MAHN1.DOC
- Ein Verzeichnis, z.B. C:\KUNDEN
- Der DOS-Name für ein Ausgabegerät, z.B. PRN für Drucker (printer) oder CON für Bildschirm.

Ziel muß nicht unbedingt angegeben werden. Falls die Zielangabe fehlt, ist immer das aktuelle Laufwerk oder Verzeichnis automatisch das Ziel des Kopiervorgangs:

- Eine Dateibenennung, evtl. mit vorangestelltem Laufwerk und/oder Verzeichnispfad.
- Ein Laufwerk, evtl. ergänzt durch einen Verzeichnispfad.

Ausführungsbeispiele:

```
C:\> copy autoexec.bat a:
        1 Datei(en) kopiert

C:\> copy *.bat a:
C:AUTOEXEC.BAT
C:MENU.BAT
        2 Datei(en) kopiert
```

Abb. 29: COPY-Befehle

Weitere DOS-Befehle:	**Systemreaktion:**
`C:\> copy b:brief`	Die Datei BRIEF wird vom aktuellen Verzeichnis von B: nach C:\ kopiert.
`A:\> copy c:*.txt`	Alle Dateien mit der Erweiterung .TXT werden vom Stammverzeichnis von C: ins Stammverzeichnis von A: kopiert.

`A:\> copy c:\text\steuer*.txt`	Alle Dateien, deren Name mit STEUER beginnt und die die Erweiterung .TXT besitzen, werden vom Unterverzeichnis TEXT von C: nach A:\ kopiert.
`A:\> copy x.txt y.txt`	Die Datei X.TXT entsteht unter der Bezeichnung Y.TXT nochmal.
`C:\TEXT> copy *.txt *.doc`	Alle Dateien mit der Erweiterung .TXT entstehen nochmal unter gleichen Namen, jedoch mit der Erweiterung .DOC.
`A:\> copy autoexec.bat b:\`	Die Datei AUTOEXEC.BAT auf A:\ wird nach B:\ kopiert.
`A:\> copy *.exe c:`	Alle Dateien mit der Erweiterung .EXE werden in das aktuelle Verzeichnis von C: kopiert.
`A:\> copy b:\doku\brief.txt c:`	Die Datei BRIEF.TXT wird im Verzeichnis B:\DOKU gelesen und ins aktuelle Verzeichnis von C: kopiert.
`C:\> copy config.sys prn`	Die Datei CONFIG.SYS wird von C: auf den Drucker kopiert, d.h. gedruckt.
`C:\TEXT> copy con notiz`	Damit legen Sie im Unterverzeichnis TEXT eine Textdatei namens NOTIZ an. Schließen Sie mit <F6> bzw. <Strg> +Z (= ^Z) und <Enter> ab.

Weitere Beispiele finden Sie im Abschnitt 2.8 bei den verzeichnisorientierten Befehlen.

Parameter

/A Die gekennzeichnete Datei ist eine reine Textdatei. Sie wird nur bis zum Auftreten des Dateiendezeichens (=ASCII-Nr. 26) kopiert.

/B Die Datei ist eine Binärdatei, d.h., Dateiendezeichen werden nicht beachtet. Bei /B hinter der Zieldatei erhält diese kein Dateiendezeichen.

/V (verify, Schreib-/Leseprüfung) hängen Sie an den Befehl an, wenn Sie ganz sicherstellen wollen, daß das System die Daten fehlerfrei ins Ziellaufwerk geschrieben hat, sie also später wieder lesbar sind.

Hinweis:

Wenn Sie nur ein Diskettenlaufwerk besitzen, können Sie das auch unter B: ansprechen. Um von einer Diskette auf eine andere zu kopieren, geben Sie als Ziellaufwerk B: an. In diesem Falle verwendet DOS Laufwerk A automatisch auch als Laufwerk B. COPY fordert Sie dann auf, die Diskette zu wechseln.

Wollen Sie mehrere oder große Dateien kopieren, empfiehlt es sich, statt des COPY-Befehls den XCOPY-Befehl zu einzusetzen. Sie verkürzen dadurch den Kopiervorgang, weil XCOPY zunächst soviele Dateien wie möglich in den Arbeitsspeicher einliest, um dann zum Diskettenwechsel aufzufordern und zu schreiben. Dagegen liest und schreibt COPY jede einzelne Datei.

Angenommen Ihr PC ist jedoch mit einem 3,5"- und einem 5,25"-Laufwerk ausgestattet und Sie wollen Daten zwischen Disketten gleichen Formats austauschen. In diesem Falle richten Sie ein Verzeichnis auf der Festplatte als Zwischenspeicher ein. Kopieren Sie Ihre Dateien von der Diskette dorthin, wechseln Sie die Diskette und kopieren Sie das gesamte Verzeichnis ins gleiche Laufwerk zurück. Eine weitere Möglichkeit bietet die Einrichtung zusätzlicher logischer Laufwerke. Der Weg führt über den Gerätetreiber DRIVER.SYS, den Sie mit dem DEVICE-Befehl in die Datei CONFIG.SYS einbinden müssen, für den Normalanwender eine unübliche Methode.

Falls eine Datei so groß ist, daß Sie nicht auf den Datenträger, z.B. 360KB-Diskette, paßt, wählen Sie den Weg über die Befehle BACKUP und RESTORE. Die Datei wird dann durch BACKUP auf mehrere Disketten verteilt. RESTORE fügt Sie auf dem Zieldatenträger wieder zusammen.

2.7.2 Dateien umbenennen (REN)

REN [Pfad]Dateibenennung1 Dateibenennung2	(intern)

Oft wollen Sie Dateibenennungen ändern. Dabei hilft der Befehl **REN** (rename). Die erste Dateibenennung ist die bisherige, die zweite die künftige Bezeichnung.

Ausführungsbeispiel:

```
C:\> ren brief.txt brief1.txt
Doppelter Dateiname oder Datei nicht gefunden

C:\> ren brief.txt brief2.txt

C:\>
```

Abb. 30: REN-Befehle

Im ersten Beispiel wurde als 2. Dateibenennung eine Datei angegeben, die bereits existiert.

Weitere DOS-Befehle:	**Systemreaktion:**
`C:\> ren steuer.txt einkst.doc`	Die bisherige Datei STEUER.TXT in Laufwerk A heißt jetzt EINKST.DOC.
`C:\> ren a:\text\brief1.txt br3.*`	Die Datei BRIEF1.TXT im Verzeichnis A:\TEXT wurde umbenannt in BR3.TXT.

2.7.3 Dateien löschen (DEL)

DEL [Pfad]Datei(en) /P	(intern)

Mit dem Befehl **DEL** (delete) löschen Sie Dateien oder Dateigruppen.

Ausführungsbeispiele:

```
C:\> del brief.txt

C:\> del brief.txt
Datei nicht gefunden

C:\>
```

Abb. 31: DEL-Befehle

Beim 2. Beispiel wird der Befehl nicht erfolgreich durchgeführt, weil die Datei BRIEF.TXT bereits gelöscht war.

Der DEL-Befehl bringt im Inhaltsverzeichnis ein Löschkennzeichen an der Dateibezeichnung an, ohne den Inhalt der Datei wirklich zu löschen. Das erste Zeichen des Dateinamens wird durch den Löschvermerk überschrieben. Das System zeigt als gelöscht gekennzeichnete Dateien nicht mehr an und gibt den Platz, den sie auf dem Datenträger belegen, zum Speichern anderer Dateien frei. Auf dem Markt sind Hilfsprogramme verfügbar (z.B. STAR-Manager, PC Tools, Norton Utilities), die den Löschvorgang rückgängig machen können, solange der Dateiinhalt nicht von nachfolgenden Schreibvorgängen zerstört wurde.

Weitere DOS-Befehle:	**Systemreaktion:**
`A:\> del *.*`	Alle Dateien im Verzeichnis werden gelöscht Sind Sie sicher (J/N)? Nach Eingabe von J werden alle Dateien des aktuellen Verzeichnisses der Diskette im Laufwerk A gelöscht.
`C:\> del a:\brief???.txt`	Die Gruppe von Dateien in B:\ löschen, deren Benennung mit BRIEF beginnt, wobei die folgenden 3 Zeichen beliebig sein können, wird gelöscht.
`C:\> del test`	Datei TEST auf der Festplatte löschen.
`C:\> del a:\priv*.txt /p`	Die Dateigruppe im Unterverzeichnis A:\PRIV, deren Erweiterung .TXT lautet, nach Bestätigung des Benutzers löschen.

Parameter **/P** fordert sie für jede zu löschende Datei zur Bestätigung auf.

Ausführungsbeispiel:

```
C:\> del *.* /P

C:\AUTOEXEC.BAT    Löschen (J/N)?n
C:\COMMAND.COM    Löschen (J/N)?
     .     .     .     .
     .     .     .   usw.
```

Abb. 32: DEL-Befehl mit Anforderung der Löschbestätigung

2.7.4 Dateien wiederherstellen (UNDELETE)

UNDELETE [Pfad][Dateibenennung] [/ALL][/DOS][/DT][/LIST] (extern)

Mit dem Befehl **UNDELETE** stellen Sie gelöschte Dateien wieder her.

Ausführungsbeispiele:

```
C:\> undelete

Verzeichnis: C:\
Dateiangaben: *.*

    Löschverfolgungsdatei wurde nicht gefunden.

    Das MS-DOS-Verzeichnis enthält     9 gelöschte Dateien.
    Von diesen können     9 Dateien wahrscheinlich wiederhergestellt werden.

Das MS-DOS-Verzeichnis wird verwendet.

      ?OUSE     COM     14551  1.02.88 13:00    .... Wiederherstellen (J/N)? J
      Geben Sie den ersten Buchstaben des Dateinamens ein: ?OUSE    .COM: M

Datei erfolgreich wiederhergestellt.

      ?OMMAND  COM     50031 11.06.91 12:00    ...A Wiederherstellen (J/N)?

         usw.
```

Abb. 33: UNDELETE-Befehl ohne Parameter spürt im aktuellen Verzeichnis alle gelöschten Dateien auf.

Parameter

/ALL Dieser Parameter zeigt nur Wirkung, wenn vor dem Löschen durch den Befehl **MIRROR** ein residentes Löschüberwachungsprogramm eingerichtet wurde, das Buch über die Löschvorgänge in einer sog. **Löschverfolgungsdatei** führt. Wenn eine Löschverfolgungsdatei existiert, kann UNDELETE /ALL alle gelöschten Dateien ohne Ihr weiteres Zutun wiederherstellen, soweit diese nicht bereits überschrieben wurden.

Empfehlung: Richten Sie in der Datei AUTOEXEC.BAT folgenden Befehl ein. Sie ermöglichen MIRROR damit, für Laufwerk C: eine Löschverfolgungsdatei zu führen.

MIRROR C: /TC

/DOS UNDELETE verwendet mit diesem Parameter die Löschverfolgungsdatei ausdrücklich nicht, d.h., es hält sich ausschließlich an die von DOS im Inhaltsverzeichnis aufgezeichneten Informationen. Das ist Standard, wenn Sie keine Löschverfolgungsdatei durch MIRROR erstellt haben.

/DT Verwendet zur Wiederherstellung ausschließlich die Löschverfolgungsdatei.

/LIST Zeigt alle im Inhaltsverzeichnis als gelöscht gekennzeichneten Dateien an und verwendet dazu die Löschverfolgungsdatei, falls vorhanden.

UNDELETE untersucht die spezifizierten Dateien bzw. das aktuelle oder von Ihnen genannte Verzeichnis und berichtet Ihnen, ob entsprechend gelöschte Dateien vorhanden sind und eine Wiederherstellung möglich ist. Sie entscheiden für jede Datei, ob Sie deren Wiederherstellung wünschen. Existiert keine Löschverfolgungsdatei, so müssen Sie das erste Zeichen des Dateinamens ersetzen, das zuvor vom Löschbefehl überschrieben wurde (vgl. DEL-Befehl).

Weitere DOS-Befehle:	**Systemreaktion:**
`C:\> undelete a:\`	Alle gelöschten Dateien des Hauptverzeichnisses von Laufwerk A: werden soweit möglich wiederhergestellt.
`C:\> undelete ?rief.txt`	Versuch, eine Datei mit dem Restnamen RIEF.TXT zu retten.
`C:\> undelete \dos*.com`	Versuch, alle Dateien mit der Erweiterung .COM im Verzeichnis DOS von C: wiederherzustellen.
`C:\> undelete /list`	Liste aller gelöschten Dateien anzeigen
`C:\> undelete \text /all`	Alle Dateien in Verzeichnis \TEXT von C: werden nach Möglichkeit mittels Löschverfolgungsdatei gerettet.

2.8 Verzeichnisorientierte DOS-Befehle

Beim Formatieren einer Platte legt DOS ein Inhaltsverzeichnis an, wo es gespeicherte Dateien mit ihren Benennungen und weiteren Merkmalen aufnimmt. 360KB-Disketten können 112 Benennungen, 1,2- und 1,4MB-Disketten 224 und Festplatten 512 Benennungen in ihren Inhaltsverzeichnissen registrieren.
Zwei wichtige Gründe sprechen dafür, zusätzliche Verzeichnisse auf der Platte anzulegen:

- Die Zahl von nur 512 Einträgen pro Festplatte würde es nicht zulassen, ihre volle Speicherkapazität auszunutzen. Mehrere tausend Dateien pro Platte sind in der professionellen EDV keine Seltenheit.
- Bei 50 bis 100 Einträgen mögen Inhaltsverzeichnisse gerade noch überschaubar sein. Darüber hinaus verlieren Sie vermutlich den Überblick. Möglicherweise stehen dann Befehlsdateien zusammen mit Text-, Adressen-, Artikel- und Liefererdateien und verschiedenen Anwendungsprogrammen für Datenbankverwaltung, Textverarbeitung und Tabellenkalkulation in einem Verzeichnis.

Kein Angestellter eines kaufmännischen Betriebs würde auf die Idee kommen, alle anfallenden Briefe, Dokumente, Verträge und Belege chronologisch in ein und denselben Aktenordner zu packen. Ebensowenig sollten Sie alle im Laufe der Zeit entstehenden Dateien und erworbenen Programme in einem Verzeichnis speichern.

MS-DOS bietet die Möglichkeit, auf einer Platte zusätzliche Verzeichnisse, sog. **Unterverzeichnisse**, aufzubauen. Unterverzeichnisse tragen Namen wie Dateien. Die Benennung von Verzeichnissen dient dem gleichen Zweck wie die Beschriftung von Aktenordnern: Sie sagt etwas über den Inhalt eines Verzeichnisses aus.
Nehmen wir an, ein kleiner Betrieb verwahrt Unterlagen zentral in einem Schrank in Ordnern mit folgenden Bezeichnungen und Akten.

Beispiel:

Bezeichnungen	**Akten**
Kunden	Informationen über Kunden
Korrespondenz	Geschäftsbriefe
Verträge	Vereinbarungen
Organisation	Organisator. Regelungen
Steuern	Unterlagen fürs Finanzamt

Das Haupt- oder **Stammverzeichnis** (root directory) einer Platte läßt sich mit einem Aktenschrank vergleichen, in welchem Aktenordner stehen. Die Unterverzeichnisse (subdirectories) auf einer Platte sind Ordnern vergleichbar. In den Unterverzeichnissen sind Dateien abgelegt, ebenso wie in Ordnern Akten untergebracht sind.

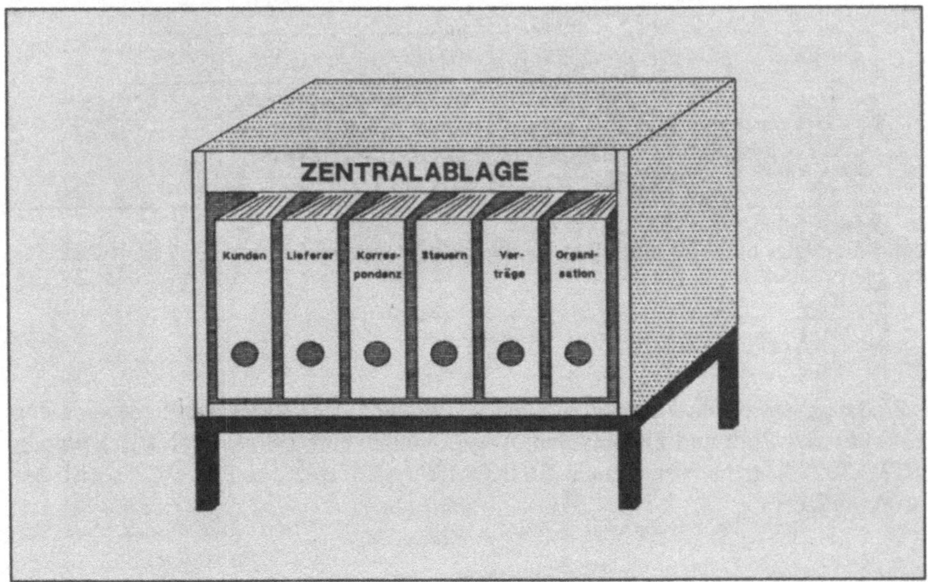

Abb. 34: Aktenschrank mit Ordnern

Übertragen auf eine Platte, ergibt sich für das angeführte Beispiel folgende Struktur:

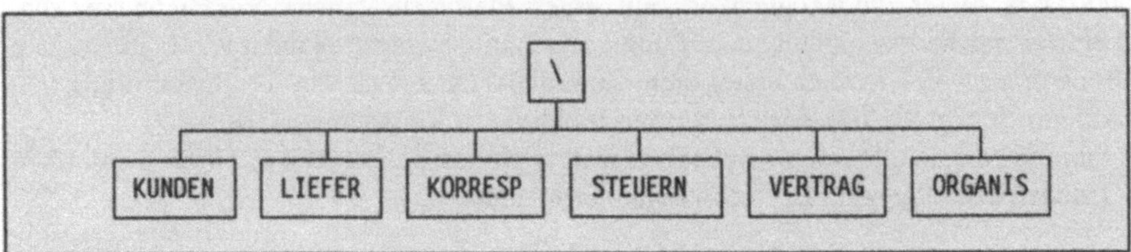

Der umgekehrte Schrägstrich \ (engl. backslash) kennzeichnet das Stammverzeichnis. Ähnlich wie man in Ordnern Register bzw. Trennblätter verwendet, um eine weitere Unterteilung zu erreichen, kann man einem Unterverzeichnis weitere Verzeichnisse anfügen.

Dateien in Unterverzeichnissen werden über den **Pfad** angesprochen. Der Pfad, auch **Zugriffspfad** genannt, beschreibt den Weg zu einer Datei. Die einfachste Pfadangabe ist die für das Stammverzeichnis, der Backslash \. Um eine Datei im Stammverzeichnis anzusprechen, setzt man den Backslash vor den Dateinamen, z.B.

\AUTOEXEC.BAT

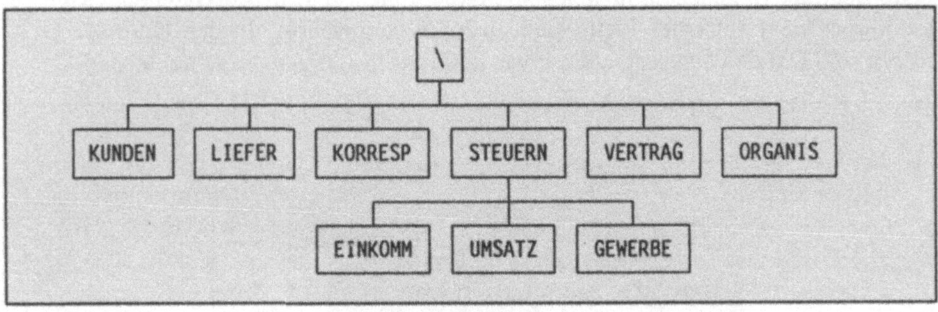

Wenn die Datei nicht im aktuellen Laufwerk liegt, setzen Sie noch das Laufwerk davor, z.B.

C:\AUTOEXEC.BAT

In Pfadangaben dürfen Leerstellen nicht vorkommen. Der Backslash dient auch der **Trennung** von Pfad und Dateinamen. Angenommen, eine Datei mit der Benennung EST3D.TXT liegt im Verzeichnis EINKOMM (vgl. oben) der Platte C:, so ist der korrekte Pfad:

C:\STEUERN\EINKOMM\EST3D.TXT

Der Aufruf von Programmen, die in Unterverzeichnissen liegen, kann eine Pfadangabe erfordern. Falls das Programm WORD.COM in einem angenommenen Verzeichnis \PROGRAM\WORD5.5 des Laufwerks C: zu finden ist, lautet der Programmaufruf:

C:\PROGRAM\WORD5.5\WORD

Pfadangaben sind nicht notwendig, wenn das entsprechende Verzeichnis vor dem Dateizugriff mit dem Befehl CD eingestellt wird. Die folgenden DOS-Befehle zeigen die Benutzung von Pfadangaben:

Weitere DOS-Befehle:	**Systemreaktion:**
`A:\> dir c:\steuern`	Zeigt das Verzeichnis \STEUERN auf C: an.
`C:\> copy a:\korr\fritz.txt b:\`	Kopiert die Datei FRITZ.TXT aus dem Verzeichnis \KORR der Diskette A: ins Stammverzeichnis von B:
`B:\> copy c:\fa\eink\est.txt a:\fin_amt`	Kopiert die Datei EST.TXT aus dem Verzeichnis \FA\EINK der Platte C: auf Diskette A: ins zuvor angelegte Verzeichnis \FIN_AMT.
`C:\>del \steuer\umsatz*.*`	Löscht alle Dateien im Verzeichnis \STEUER\UMSATZ der Platte C:.
`A:\>type c:\autoexec.bat`	Listet die Datei AUTOEXEC.BAT aus dem Stammverzeichnis der Platte C: auf.

Begriff

Ein **Pfad** ist eine Folge von hierarchisch aneinandergereihten und durch \ (backslash) getrennten Verzeichnisnamen, denen eine Laufwerksbezeichnung vorangestellt sein kann. Der erste backslash bzw. ein backslash alleine bezeichnet das Stamm- bzw. Hauptverzeichnis. Alle folgenden backslashes haben lediglich die Funktion von Trennzeichen.

Beispiele:

`DIR \`	Anzeigen des Stammverzeichnisses
`DIR \TEXT\AMT`	Anzeigen des Verzeichnisses AMT, das dem Verzeichnis TEXT untergeordnet ist, welches am Stammverzeichnis angebunden wurde.
`DIR A:\DOS`	Anzeigen des DOS-Verzeichnisses auf A:

2.8.1 Verzeichnis anlegen (MD)

MD Pfad	(intern)

Der Befehl **MD** ist die Abkürzung für Make Directory und bedeutet "erstelle Verzeichnis". Der Parameter Pfad kann aus einer Verzeichnisangabe oder aus Laufwerk plus Verzeichnisangabe bestehen.

Ausführungsbeispiele:

```
C:\> md steuer

C:\> md steuer
Verzeichnis existiert bereits

C:\> md \steuer\einkomm

C:\> md a:\dos
```

Abb. 35: Anlegen von Unterverzeichnissen

Im zweiten Ausführungsbeispiel wurde versucht, ein zweites Verzeichnis gleichen Namens anzulegen.

Weitere DOS-Befehle:	**Systemreaktion:**
`A:\>md c:\steuer\gewerb`	Das Unterverzeichnis GEWERB wird an das Unterverzeichnis \STEUER auf der Platte C: geknüpft.
`C:\STEUER> md gewerb`	Das Ergebnis ist dasselbe wie beim vorangehenden Befehl.
`C:\>md b:\privat`	Auf der Diskette im Laufwerk B entsteht das Verzeichnis \PRIVAT.

2.8.2 Verzeichnis wechseln (CD)

CD [Laufwerk:][Pfad]	(intern)

CD kommt von Change Directory, "wechsle Verzeichnis". Der Verzeichniswechsel stellt das System auf ein anderes Verzeichnis ein. Der Verzeichniswechsel findet nicht statt, wenn Sie keinen Parameter oder nur ein Laufwerk als Parameter angeben. Dann zeigt CD die aktuelle Verzeichniseinstellung an.

Das System erwartet Dateien und externe Befehle immer zuerst im aktuell eingestellten Verzeichnis. Nur wenn der Dateibenennung ein Pfad vorangestellt wird, durchsucht das System das im Pfad angegebene Verzeichnis. Um sich das wiederholte Eintippen von Pfaden zu ersparen, stellen Sie das gewünschte Verzeichnis ein.

Ausführungsbeispiele:

```
C:\> cd \einkomm
Ungültiges Verzeichnis

C:\> cd \steuer\einkomm

C:\STEUER\EINKOMM> cd ..

C:\STEUER> cd a:\dos

C:\STEUER> cd a:
A:\DOS
```

Abb. 36: CD-Befehle

Im ersten Ausführungsbeispiel wurde kein korrekter Pfad genannt, denn das Verzeichnis EINKOMM ist an das Verzeichnis \STEUER geknüpft. Ist der DOS-Prompt auf die Anzeige von Verzeichnissen eingestellt, informiert er Sie, wie im Beispiel, über das neue aktuelle Verzeichnis. Im dritten Ausführungsbeispiel stellen zwei dem CD-Befehl folgende Punkte das übergeordnete Verzeichnis ein. Die folgende Zeile ändert das aktuelle Verzeichnis der Diskette A und der letzte Befehl zeigt diese Änderung an.

Hinweis:

Wenn Sie die im Ausführungsbeispiel (vgl. oben) aufgeführten Einstellungen zugrunde legen, dann haben die folgenden Befehle eine zunächst überraschende Wirkung:

DOS-Befehle:	**Systemreaktion:**
`C:\> copy *.* a:`	Alle Dateien des Stammverzeichnisses von C werden nach A:\DOS kopiert.
`C:\> del a:*.com`	Alle externen Befehle mit der Erweiterung .COM im Verzeichnis \DOS von A wurden gelöscht

Wenn Sie nur die Laufwerksbezeichnung, nicht aber die Verzeichnisangabe für das Ziel des Befehls angeführt haben, nimmt DOS das zuvor eingestellte Verzeichnis als Zielverzeichnis an.

Weitere DOS-Befehle:	**Systemreaktion:**
`C:\STEUER> cd \`	
`C:\>`	Das Stammverzeichnis ist nun das aktuelle Verzeichnis.

`C:\STEUER\EINKOMM> cd ..\umsatz`

`C:\STEUER\UMSATZ>` Das auf gleicher Verzeichnisebene liegende Verzeichnis \STEUER\UMSATZ wurde aktuell.

`C:\STEUER\EINKOMM>cd\steuer\umsatz`

`C:\STEUER\UMSATZ>` Gleiche Wirkung wie der vorangegangene Befehl.

2.8.3 Verzeichnis entfernen (RD)

RD Pfad	(intern)

Ein Verzeichnis läßt sich mit dem Befehl **RD** (**R**emove **D**irectory, entferne Verzeichnis) löschen. Das System löscht nur leere Verzeichnisse, d.h., es dürfen keine Dateien bzw. Unterverzeichnisse in einem zu entfernenden Verzeichnis stehen.

Im zweiten Ausführungsbeispiel (Abb. 32) wurde der Befehl zwar richtig geschrieben, doch das Verzeichnis A:\DOS war nicht leer. Um es zu entfernen, müssen zuerst alle Dateien und Unterverzeichnisse gelöscht werden.

Ausführungsbeispiele:

```
C:\> rd \steuer\einkomm

C:\> rd a:\dos
Ungültiger Pfad, kein Verzeichnis,
oder Verzeichnis nicht leer
```

Abb. 37: RD-Befehle und Nachrichten

Weitere DOS-Befehle:	**Systemreaktion:**
`C:\> rd a:\steuern\umsatz`	Das Verzeichnis \STEUERN\UMSATZ wird entfernt.
`A:\> rd \`	Das System meldet: `"Ungültiger Pfad, kein Verzeichnis, oder Verzeichnis nicht leer"` Stammverzeichnisse können nicht gelöscht werden.

2.8.4 Suchpfade für Programme festlegen (PATH)

PATH [Pfad] [;Pfad] ...	(intern)

Ein Programm- bzw. Befehlsaufruf veranlaßt das System, den entsprechenden Dateinamen im aktuellen Verzeichnis zu suchen. Mit dem **PATH**-Befehl (path = Pfad) teilen Sie DOS mit, daß es Befehlsdateien, die Sie ausführen wollen, auch in anderen Verzeichnissen suchen soll. Das System sucht dann Befehle und Anwendungsprogramme zunächst im aktuellen Verzeichnis. Wenn sie dort nicht zu finden sind, prüft es nacheinander alle im Pfadbefehl genannten Verzeichnisse durch. Ein sicheres Zeichen dafür, daß DOS Ihren Befehl nicht gefunden hat, ist die Nachricht:

```
Falscher Befehl oder Dateiname
```

Im PATH-Befehl dürfen mehrere, durch Semikolon getrennte Verzeichnisse genannt werden.

Der Befehl PATH alleine ohne Parameter eingegeben, gibt Auskunft über den eingestellten Pfad.

Der PATH-Befehl speichert den Parameter, den Sie eingeben, in der sog. Systemumgebung von DOS (Environment). Dies ist ein Speicherbereich für diverse Systemvariablen, den DOS beim Start im Arbeitsspeicher einrichtet. PATH ohne Parameter macht die dort abgelegte PATH-Variable sichtbar.

Ausführungsbeispiele:

```
C:\> path c:\dos

C:\> path
PATH=C:\DOS
```

Abb. 38: PATH-Befehle

Der PATH-Befehl bezieht sich nur auf den Aufruf **ausführbarer Dateien**. Also nur auf Dateien des Typs **COM**, **EXE** und **BAT** und nur für den Fall, daß Sie das Programm zur Ausführung aufrufen.
Gesetzt den Fall, daß die PATH-Variable wie im Ausführungsbeispiel aussieht und im Verzeichnis C:\DOS der Stapel-Befehl FORM720.BAT gespeichert wurde. Falls Sie nun den folgenden Befehl eingeben,

```
C:\> format720 a:
```

findet DOS den Befehl und führt ihn aus. Wenn Sie die Datei jedoch anzeigen lassen möchten

C:\> type form720.bat

erscheint die Meldung "Datei nicht gefunden".

Weitere DOS-Befehle:	**Systemreaktion:**
`A:\> path c:\norton`	Das System findet Befehle im aktuellen Verzeichnis und im Verzeichnis \NORTON der Platte C.
`A:\> path c:\;c:\dos;\c:\word`	DOS sucht nun von Ihnen eingegebene Befehle in den Verzeichnissen: A:\ C:\ C:\DOS C:\WORD
`C:\> path` `PATH=C:\;C:\DOS;C:\WORD`	Auf den PATH-Befehl ohne Parameter antwortet DOS mit der aktuellen Pfadvorgabe.

Hinweise:

Der PATH-Befehl wird i.d.R. in die Stapeldatei AUTOEXEC.BAT gestellt, die für die Systemanpassung beim Start sorgt.
Sie sollten den Pfadangaben (wie in den Beispielen) immer das Laufwerk voranstellen, dann findet DOS die Befehle auch nach einem Laufwerkwechsel (z.B. Wechsel von C: nach A:).

2.8.5 Verzeichnisstrukturen mit Dateien kopieren (XCOPY)

XCOPY Quelle Ziel [/E] [/M] [/P] [/S] [/V]	(extern)

Der **XCOPY**-Befehl kann auf die gleiche Weise wie der COPY-Befehl eingesetzt werden, aber er ist leistungsfähiger als dieser, ein wahrer Allround-Kopierbefehl. Er kopiert nicht nur Dateien, sondern ganze Verzeichnisstrukturen samt den darin befindlichen Dateien. Darüberhinaus arbeitet er zeitsparend, wenn Sie mehrere Dateien kopieren wollen. Er liest zunächst soviele Dateien wie möglich in den Arbeitsspeicher ein und schreibt sie dann ins Zielverzeichnis. COPY liest immer nur eine Datei, um sie dann sofort zu schreiben.

Quelle und Ziel können sein:
- eine Laufwerksbezeichnung
- Laufwerk mit Verzeichnispfad und/oder Dateiangabe:
  Wenn das Zielverzeichnis nicht existiert, kann es XCOPY selbst anlegen.

Parameter:

XCOPY kann mit einer verwirrenden Anzahl von Parametern arbeiten. Nur die wichtigsten werden hier genannt.

/S Der meistgebrauchte ist wohl /S. Falls Sie diesen Parameter einsetzen, sucht XCOPY nach allen an das Quellverzeichnis angebundenen Unterverzeichnissen und kopiert die vorgefundene Verzeichnisstruktur komplett mit Dateien auf das Ziellaufwerk bzw. an das Zielverzeichnis.

/E Mit Parameter /E legt XCOPY auch leere Unterverzeichnisse im Zielverzeichnis an.

/M Mit Parameter /M werden nur Dateien kopiert, die das Archiv-Attribut (vgl. DOS-Shell, Attribute) besitzen. Beim Kopieren entfernt XCOPY mit /M das Archiv-Attribut an den kopierten Dateien. Beim nächsten XCOPY werden diese Dateien nicht mehr erfaßt. Die Anwendung von /M ist beispielsweise zu empfehlen, wenn Sie mehr Dateien auf Diskette kopieren wollen, als darauf passen. Sie legen nach der Meldung "Nicht genug Platz auf Diskette/Platte" die nächste Diskette ein und wiederholen den gleichen XCOPY-Befehl. Dann setzt XCOPY den Kopiervorgang mit den Dateien fort, die das Archiv-Attribut noch besitzen. Diese Kopiermethode funktioniert nicht, wenn die Größe einzelner Dateien die Diskettenkapazität überschreiten. In diesem Falle verwenden Sie BACKUP und evtl. RESTORE.

/P Parameter /P fordert für jede Datei, den Kopiervorgang zu bestätigen.

/V Parameter /V führt eine Schreib-Lese-Prüfung durch. Er stellt sicher, daß übertragene Dateien auch richtig angekommen und fehlerfrei lesbar sind.

Ausführungsbeispiel:

```
C:\NUTZDAT\GABLER91> xcopy *.txt a:\
Einlesen der Quelldatei(en) ...
DOS21.TXT
DOS25.TXT
DOS30.TXT
DOS38.TXT
Einlesen der Quelldatei(en) ...
DOS42.TXT
DOS45.TXT
DOS58.TXT
        7 Datei(en) kopiert
```

Abb. 39: XCOPY-Befehl und Meldungen

Das Beispiel zeigt, die 7 Dateien wurden in 2 Portionen kopiert.

Im nächsten Beispiel kann XCOPY nicht erkennen, ob TEXT ein Verzeichnis auf A: oder ein Dateiname sein soll, weil ein Verzeichnis mit diesem Namen dort noch nicht existiert.

Ausführungsbeispiel:

```
C:\NUTZDAT\GABLER91> xcopy dos21.txt a:\text
Ist TEXT ein Dateiname oder ein Verzeichnisname
auf der Zieleinheit?
(D = Datei, V = Verzeichnis)v
Einlesen der Quelldatei(en) ...
   .    .    usw.
```

Abb. 40: XCOPY fragt nach ...

Der Benutzer beantwortet die Frage mit V (=Verzeichnis). Das führt dazu, daß XCOPY nun das Verzeichnis A:\TEXT anlegt und die Datei DOS21.TXT dort hinein kopiert. Hätte der Benutzer mit D (=Datei) geantwortet, wäre die Datei DOS21.TXT unter den Namen TEXT in A:\ abgelegt worden.

Beispiele:

Sie wollen alle Verzeichnisse für Versicherungsangelegenheiten im Laufwerk A: sichern.

Befehl: C:\> xcopy \nutzdat\versich a:\ /s

Sie teilen durch diesen Befehl XCOPY mit, es soll das Verzeichnis \WORD\VERSICH inklusive aller darin befindlichen Dateien und untergeordneten Verzeichnisse in das Stammverzeichnis von A: kopieren. Die Abbildung zeigt die Struktur nachdem der Befehl ausgeführt wurde:

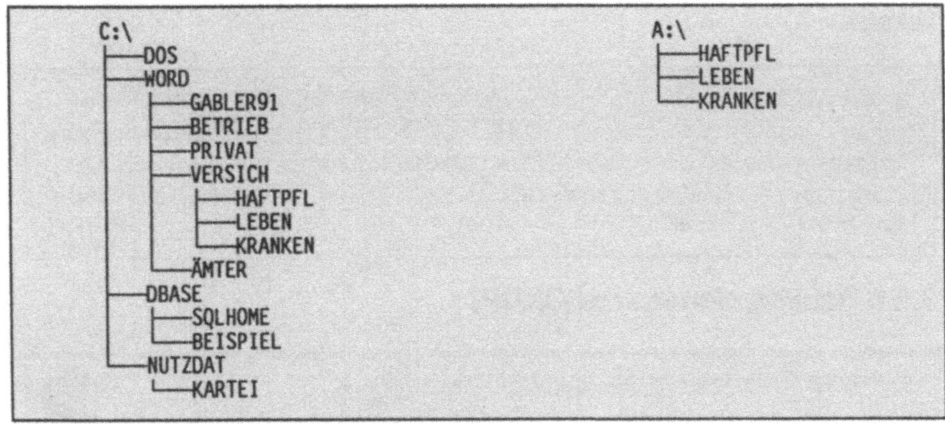

Nehmen Sie an, Sie wollen die Verzeichnistruktur Ihrer Festplatte ändern. Alle am Verzeichnis \WORD angebundenen Verzeichnisse sollen dem Verzeichnis \NUTZDAT untergeordnet werden.

Befehl: C:\> xcopy \word \nutzdat /s

Nach diesem Befehl haben Sie die an \WORD gebundenen Verzeichnisse nochmal an \NUTZDAT, also doppelt, sofern Sie genug Platz auf der Platte hatten. Leider gibt es keinen Parameter zum "Bewegen" von Verzeichnisstrukturen, deshalb müssen Sie die kopierten Verzeichnisse im Quellverzeichnis \WORD später löschen, um zum gewünschten Ergebnis zu kommen. Die linke Struktur zeigt die Ausgangslage, die rechte das Ergebnis.

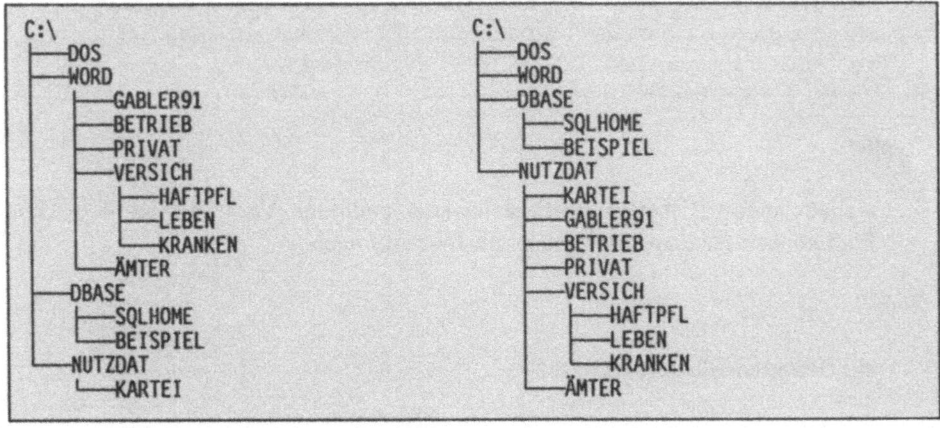

<u>Hinweis:</u>

Da der XCOPY-Befehl soviele Dateien wie möglich liest, bevor er zu schreiben beginnt, eignet er sich besser als COPY auf PCs, die nur <u>ein</u> Diskettenlaufwerk besitzen, in diesem Laufwerk von einer Diskette zur andern zu kopieren. DOS benutzt dasselbe Laufwerk beim Lesen als A: (Quellaufwerk) und beim Schreiben als B: (Ziellaufwerk).

2.8.6 Dateien sichern (BACKUP)

BACKUP Quelle Ziel [/D:Datum] [F:Format][/M] [/S] (extern)

Datenträger, auch die Festplatte, sind nicht vor Datenverlusten als Folge mechanischer oder elektronischer Fehlfunktionen gefeit. Um Ihre Daten auf der Festplatte vor Verlust zu schützen, sollten Sie den **BACKUP**-Befehl in regelmäßigen Abständen anwenden. Er sichert die Daten Ihrer Festplatte auf Disketten. Sie werden ihn auch brauchen, wenn Dateien, die auf der Festplatte liegen und die Sie transportieren wollen, größer sind als die Kapazität Ihrer Diskette. In diesem Fall teilt BACKUP die Dateien in mehrere Portionen auf.

<u>Hinweis:</u>

Es ist üblich, vor allem die Nutzdaten regelmäßig zu sichern, denn die Programmdateien ändern sich nicht und sind zusätzlich auf Originaldisketten vorhanden. Die Datensicherung wird durch eine Verzeichnisstruktur der Festplatte erleichtert, bei der alle Nutzdatenverzeichnisse einem übergeordneten Verzeichnis, z.B. namens NUTZDAT, angegliedert sind.

Quelle:

- Angabe eines Disketten-/Plattenlaufwerks und/oder Verzeichnispfades. Dem Pfad können Dateiangaben (auch mit Jokern) folgen.

Ziel:

- ein Disketten-/Plattenlaufwerk.

Parameter:

BACKUP erlaubt die Verwendung verschiedener Parameter, von denen nur die gebräuchlichsten hier aufgeführt sind:

/D:Datum Nur ab dem angegebenen Datum erstellte oder veränderte Dateien werden gesichert.

/F:Format Die Zieldiskette wird, falls notwendig, vor dem Sichern im angegebenen Format formatiert. Übliche Formate: 360, 720, 1200, 1440 und 2880. Bei fehlender Formatangabe wird das für das Laufwerk maximal mögliche Format angenommen.

/M BACKUP berücksichtigt nur Dateien, die nach der letzten Datensicherung erstellt oder verändert wurden (die ein Archiv-Attribut besitzen).

/S Alle dem spezifizierten Verzeichnis untergeordneten Verzeichnisse werden ebenfalls gesichert.

Ausführungsbeispiel:

```
C:\> backup c:\*.* a: /s

Sicherungsdiskette 01 in Laufwerk A: einlegen

WARNUNG! Dateien im Stammverzeichnis A:\
des Ziellaufwerks werden gelöscht
Eine beliebige Taste drücken, um fortzusetzen
```

Abb. 41: BACKUP sichert die gesamte Platte C:

Im Beispiel wird die Festplatte C: vollständig, mit allen Verzeichnissen (Parameter /S) auf Laufwerk A: gesichert. Das System fordert Sie auf, eine Diskette ins Laufwerk A: einzulegen. Numerieren Sie alle Sicherungsdisketten sorgfältig und versehen Sie sie mit Datum. Die Numerierung ist wichtig für das Zurückspeichern (vgl. RESTORE-Befehl).

Weitere DOS-Befehle:	**Systemreaktion:**
`C:\> backup c:\text b: /d:9.9.91`	Alle Dateien der Platte C: im Verzeichnis \TEXT, die am 9.9.91 oder danach verändert wurden, ins Laufwerk B: übertragen.
`C:\> backup c: a: /m`	Aus dem aktuellen Verzeichnis nur die Dateien im Laufwerk A: sichern, die seit der letzten Datensicherung geändert wurden.
`C:\> backup c:\nutzdat a: /s`	Aus dem Verzeichnis C:\NUTZDAT und seinen Unterverzeichnissen alle Dateien sichern.

`C:\> backup c:\nutzdat a: /s/m` Aus dem Verzeichnis C:\NUTZDAT und seinen Unterverzeichnissen alle Dateien sichern, die seit der letzten Datensicherung geändert wurden.

2.8.7 Dateien zurückspeichern (RESTORE)

RESTORE Quelle Ziel [/N] [/P] [/S]	(extern)

RESTORE speichert Dateien zurück, die mit dem Befehl BACKUP zuvor gesichert wurden, und zwar in das **gleiche** oder **gleichlautende** Verzeichnis aus dem sie stammen. Wenn gesicherte Unterverzeichnisse auf dem Zieldatenträger fehlen, legt RESTORE sie an.

Quelle:

- ein Disketten-/Plattenlaufwerk.

Ziel:

- Angabe eines Disketten-/Plattenlaufwerks und/oder Verzeichnispfades. Dem Pfad können Dateiangaben (auch mit Jokern) folgen.

Parameter:

Auch für RESTORE gibt es eine Reihe von Parametern. Die wichtigstes werden hier besprochen,

/N Nur Dateien, die im Zielverzeichnis fehlen, werden zurückgespeichert. Damit können Sie Dateien wiedergewinnen, die evtl. versehentlich gelöscht wurden.

/P Vor dem Zurückspeichern von Dateien, die entweder das Nur-Lese-Attribut (R) besitzen oder versteckte Dateien sind oder nach der letzten Datensicherung verändert wurden, werden Sie zur Bestätigung aufgefordert.

/S Alle Dateien aus allen Unterverzeichnissen des in Ziel benannten Verzeichnisses werden zurückgeschrieben.

Ausführungsbeispiel:

```
C:\> restore a: /s
Kein Ziellaufwerk angegeben

C:\> restore a: c:\*.* /s

Sicherungsdiskette 01 in Laufwerk A: einlegen
Eine beliebige Taste drücken, um fortzusetzen
```

Abb. 42: RESTORE stellt Dateien und Verzeichnisse auf C: wieder her.

Der erste Versuch ging fehl, weil das Ziellaufwerk nicht angegeben wurde. Abweichend von COPY und XCOPY und anderen DOS-Befehlen geht RESTORE nicht zeichnet werden. Das zweite Befehlsbeispiel ist korrekt. Aus Laufwerk A: werden sämtliche Dateien ins Stammverzeichnis und alle Unterverzeichnisse von C: zurückgeholt. RESTORE fordert Sie auf, die Sicherungsdisketten in der Reihenfolge einzulegen, in welcher Sie mit BACKUP erstellt wurden.

Weitere DOS-Befehle:	**Systemreaktion:**
`C:\> restore a: c:*.txt`	Alle Dateien mit der Erweiterung .TXT von A: ins aktuelle Verzeichnis von C: speichern.
`C:\> restore a: c:*.* /s/n`	Dateien, die auf dem Ziellaufwerk fehlen, ins Stammverzeichnis und alle Unterverzeichnisse schreiben.
`C:\> restore a: c:\dos\ansi.sys`	Datei ANSI.SYS ins Verzeichnis C:\DOS zurückholen.

3 Textverarbeitungsprogramm WORD 5.5

3.1 Der Aufruf des Textprogramms WORD 5.5

Die Textverarbeitung ist ein Hauptanwendungsgebiet für den PC. Der relativ günstige Preis, die vielfältigen Funktionen und die recht einfache Bedienung sind dafür maßgebend. Auf dem Software-Markt werden ungefähr 150 Textverarbeitungsprogramme angeboten. WORD von Microsoft ist auf diesem Markt das am meisten verkaufte Produkt.

Die Installation von WORD 5.5 wird hier nicht besprochen, da diese zum Teil von Ihrer Hardware-Ausstattung abhängt. Benutzen Sie dazu die Informationen des Handbuchs bzw. lassen Sie sich vom Händler helfen. Sobald Sie WORD 5.5 installiert haben, stehen Ihnen einige Möglichkeiten offen, das Programm mit oder ohne die DOS-Shell zu starten. Es kommt darauf an, wie Sie es vorziehen, WORD zu nutzen. Die folgenden Hinweise für den Start mit der DOS-Shell gehen davon aus, daß Sie WORD 5.5 im Verzeichnis C:\WORD installiert haben.

3.1.1 Aufruf über die Menü-Leiste der DOS-Shell

3.1.1.1 Menüpunkt Ausführen

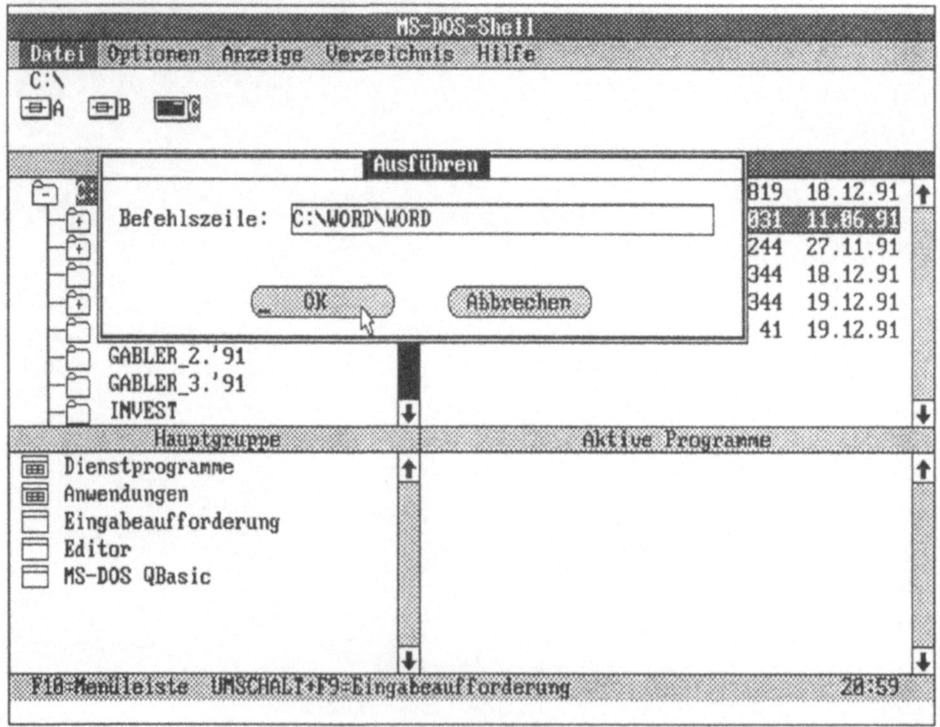

*Abb. 1: DOS-Shell mit dem Menüpunkt **Ausführen***

Sie suchen zunächst im Fenster **Verzeichnisstruktur** das Verzeichnis auf, wo Sie Ihre Textdatei abgelegt wissen wollen. Der Verzeichnisinhalt wird im rechten Fenster angezeigt. Öffnen Sie mit <Alt>, <D> oder der Maus das Datei-Menü und wählen Sie ***Ausführen***. Es öffnet sich eine Dialogbox. Dort tragen Sie den folgenden Befehl ein (vgl. Abb. 1):

C:\WORD\WORD

Das bedeutet: Laufwerk C:, Verzeichnis \WORD, Programmaufruf von WORD. Drücken Sie <eingabe> oder klicken Sie *OK* an. WORD startet und legt nun automatisch die von Ihnen erzeugten Dateien im zuvor angewählten Verzeichnis ab.

3.1.1.2 Menüpunkt Verknüpfen

Wenn Sie öfter bereits existierende Textdateien bearbeiten wollen, bietet sich die Funktion ***Verknüpfen*** der DOS-Shell an. Wohlgemerkt: Der Aufruf setzt eine bereits vorhandene Textdatei voraus.

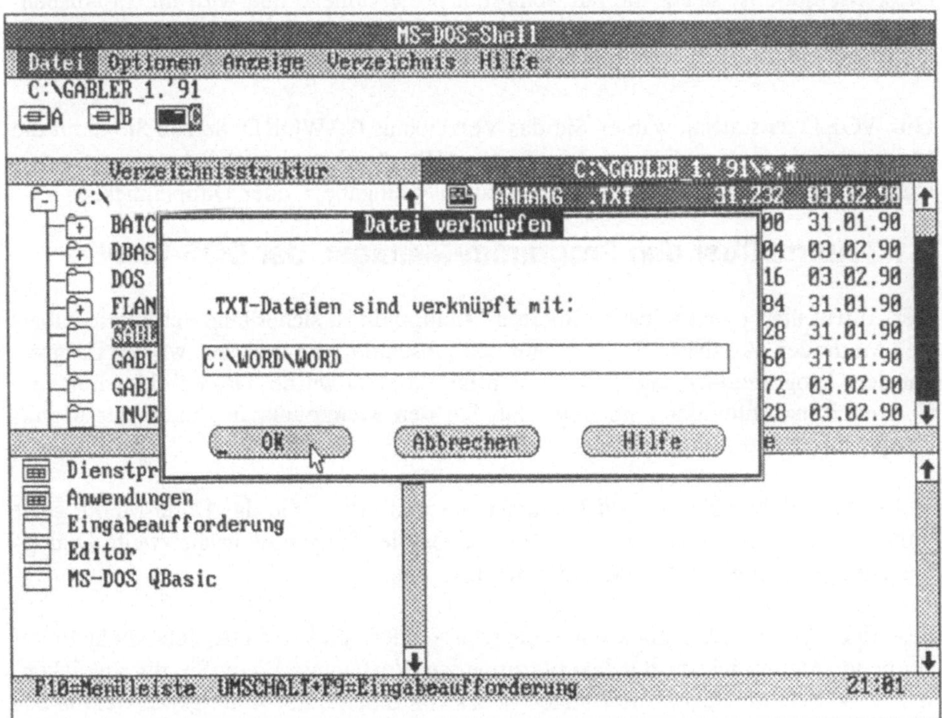

*Abb. 2: Dialogbox **Verknüpfen***

Sie wählen ein Verzeichnis für Textdateien aus und setzen die Markierung im rechten Fenster auf eine Datei mit der Erweiterung **.TXT**. Gehen Sie ins Datei-Menü und führe∈ Sie den Menüpunkt ***Auswahl aufheben*** aus. Dann wählen Sie im Datei-Menü den Punkt ***Verknüpfen***. Tragen Sie den Befehl:

C:\WORD\WORD

in die Dialogbox ein (vgl. Abb. 2) und bestätigen Sie mit <eingabe> oder Klick auf OK.

Sie haben nun das Programm WORD mit Dateien verknüpft, die die Erweiterung .TXT besitzen. In Zukunft können Sie jede Textdatei mit WORD laden, indem Sie diese in einem beliebigen Verzeichnis aufsuchen und <eingabe> betätigen oder doppelklicken. WORD startet dann automatisch und zeigt die Datei an.

3.1.2 Aufruf im WORD-Verzeichnis

Diese Methode ist sicher die am wenigsten professionelle und wird nur in Ausnahmefällen vorteilhaft sein. **Vorsicht**: Falls Sie es versäumen, in WORD ein Nutzdatenverzeichnis einzustellen, legt das Programm Ihre Dateien im WORD-Verzeichnis ab.

Um WORD zu starten, wählen Sie das Verzeichnis C:\WORD. Setzen Sie dann die Markierung ins rechte Fenster. Mit Taste **<W>** (evtl. mehrmals!) kommen Sie zur Datei WORD.EXE. Der Aufruf erfolgt durch <eingabe> oder Doppelklick.

3.1.3 Aufruf über den Programm-Manager der DOS-Shell

Der Aufruf über einen selbst definierten Menüpunkt ist sicher eine der komfortabelsten Methoden. An dieser Stelle sei auf den Abschnitt 2.5 verwiesen, wo der Umgang mit dem Programm-Manager ausführlich beschrieben wurde. Deshalb hier nur eine Kurzanleitung unter der Annahme, daß Sie den Menüpunkt innerhalb der Menü-Hauptgruppe unterbringen wollen.

Stellen Sie die Markierung auf Hauptgruppe und öffnen Sie das Datei-Menü. Dort wählen Sie ***Neu***. Die erste Dialogbox bestätigen Sie. Tragen Sie in die zweite Dialogbox die in Abb. 3 gezeigten Titel, Befehle usw. ein.

Bestätigen Sie die Dialogbox mit <eingabe> oder Klick auf OK. Jetzt steht Ihnen ein neuer Menüpunkt in der Hauptgruppe zur Verfügung. Wenn Sie ihn anklicken, startet WORD und legt seine Dateien in das von Ihnen unter **Anfangsverzeichnis** benannte Verzeichnis - hier C:\TEXTE - ab bzw. lädt sie von dort. Für weitere Textdateiverzeichnisse können Sie weitere Menüpunkte nach der gleichen Methode entwickeln.

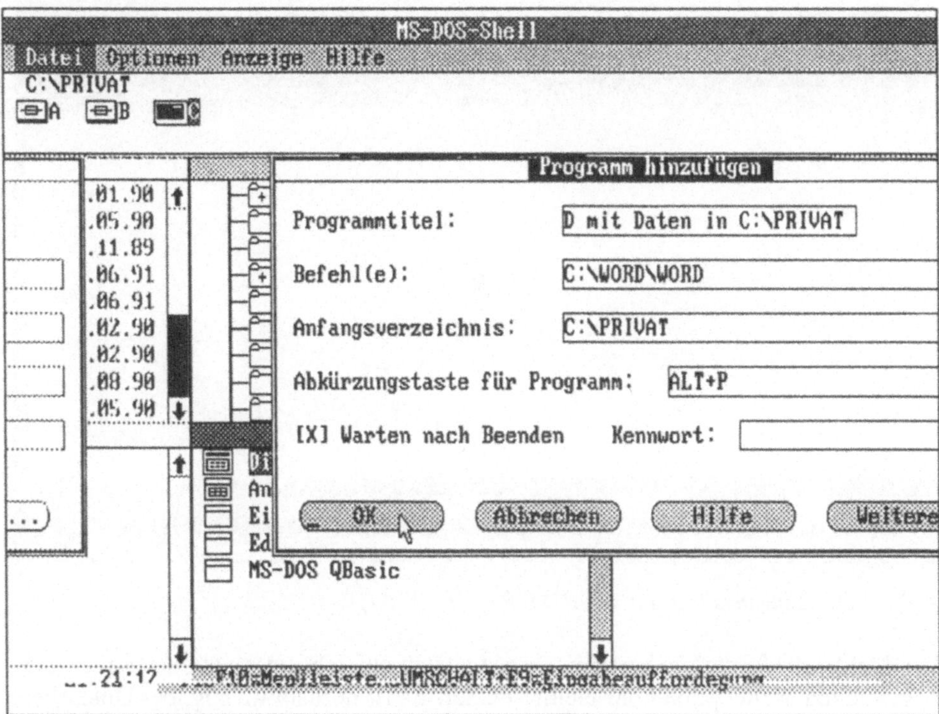

Abb. 3: Zweite Dialogbox des Menüpunkts ***Neu***

3.1.4 Der Bildschirm von WORD 5.5

Nach dem Start des Programms erscheint nach kurzer Zeit das Eingangsbild Abb. 4. Der Bildschirm wird in **Textfeld**, **Befehlsbereich** und **Informationszeilen** gegliedert. Im Textfeld erfolgt die Texterfassung. Die jeweils aktuelle Position wird durch den Cursor angezeigt. Nach dem Systemstart befindet sich der Cursor links oben im Textfeld. Die Raute <♦>, die sogenannte **Endmarke**, zeigt das Ende des Dokuments an.

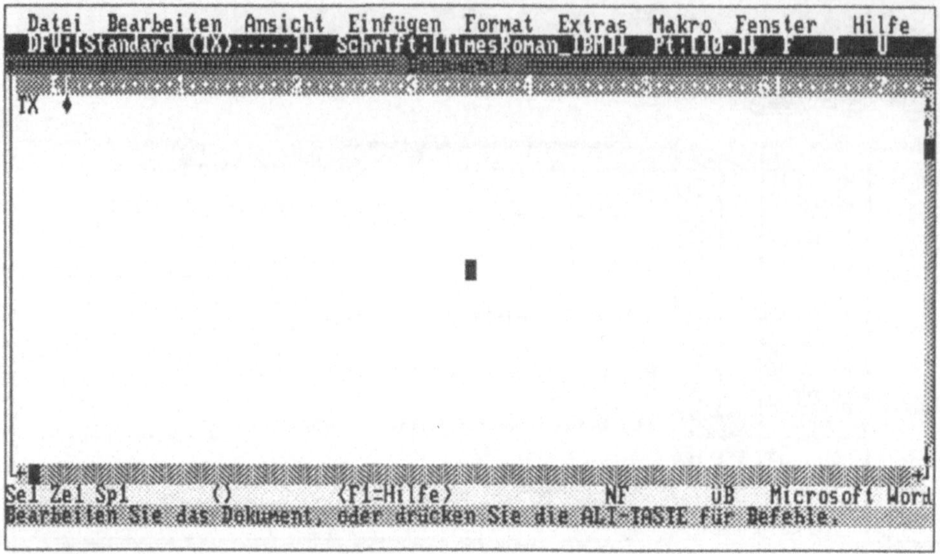

Abb. 4: Das Eingangsbild von WORD 5.5

Die **Meldezeile** fordert zu bestimmten Aktivitäten auf, gibt Informationen zur gerade angewählten Menüoption oder meldet Fehler. Es ist deshalb wichtig, bei Unklarheiten immer auf die Meldezeile zu achten.

Die **Statuszeile** gibt den momentanen Zustand der Bearbeitung an. Die ersten Angaben sind die **Positionsangaben**. Hier wird gezeigt, an welcher Position des Dokuments man sich befindet. Der **Papierkorb** ist ein Zwischenspeicher, der zum Kopieren oder Versetzen von Textbereichen benutzt wird. Das **Hilfesymbol** ermöglicht die Soforthilfe mit der Maus. Die **Zustandscodes,** auch **Tastaturstatus** genannt, zeigen eingestellte Funktionen an, im Beispiel Abb. 5 ist **UF** <Umschalt-Feststelltaste>, also die Feststelltaste für die Großschreibung eingeschaltet.

Mit der Taste **<alt>** wechseln Sie vom **Textfeld** in die **Befehlsebene** und wieder zurück.

Datei Bearbeiten Ansicht Einfügen Format Extras Makro Fenster Hilfe

Der gewünschte Hauptbefehl kann dann mit **<leertaste>** angesteuert und mit der Taste **<eingabe>** ausgeführt werden. Vereinfacht geschieht dies durch Festhalten der Taste **<alt>** und anschließender Eingabe des Buchstabens des Hauptbefehls, der in der Menüleiste hervorgehoben ist. Dieser Buchstabe wird **Hotkey** genannt, also zum Beispiel für den Befehl ***Datei*** ***<alt, d>***.

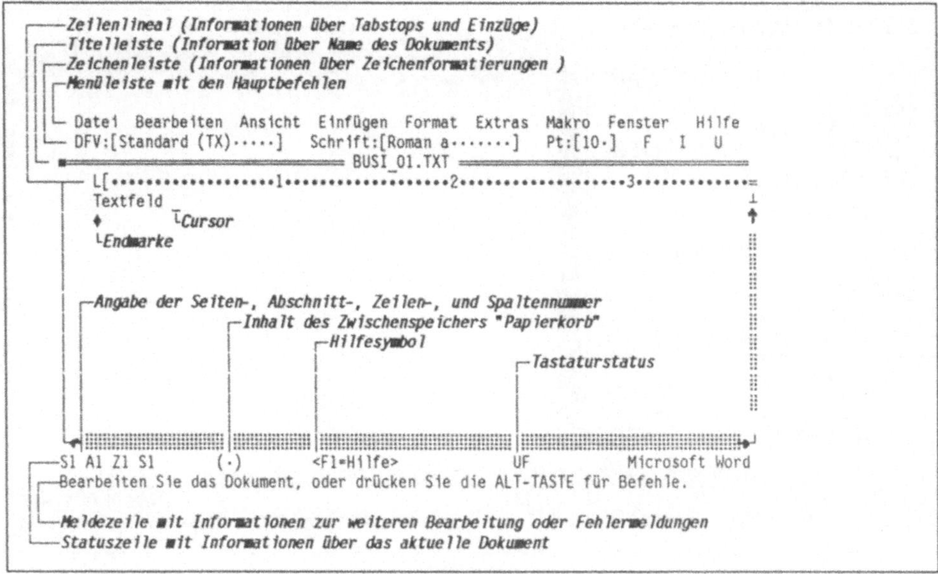

Abb. 5: Beschreibung des Eingangsbilds von WORD 5.5

Beim Arbeiten mit der Maus wird der gewünschte Hauptbefehl angesteuert und die linke Maustaste geklickt. Unter einem so angesteuerten Befehl öffnet sich dann ein Fenster mit dem Angebot der Befehle, die sich unter dem Hauptbefehl verbergen, z.B. bei Abb. 6 für den Hauptbefehl ***Datei***. Diese Menütechnik nennt man **Pull-down-Menü**.

Nicht alle Befehle werden nach dem Aufruf direkt ausgeführt. Bei Befehlen, die nach dem Befehlswort noch drei Punkte zeigen, sind weitere Angaben erforderlich, bevor der Befehl ausgeführt werden kann. Es öffnet sich nach Wahl des Befehls eine **Dialogbox**, in das die weiteren Spezifikationen in sogenannte **Befehlsfelder** eingetragen werden. Die Befehlsfelder erreichen Sie mit dem Hotkey oder durch Positionierung der Maus. Die Einstellung kann durch Klicken der linken Maustaste bzw. durch Betätigung der <leertaste> gesetzt und widerrufen werden.

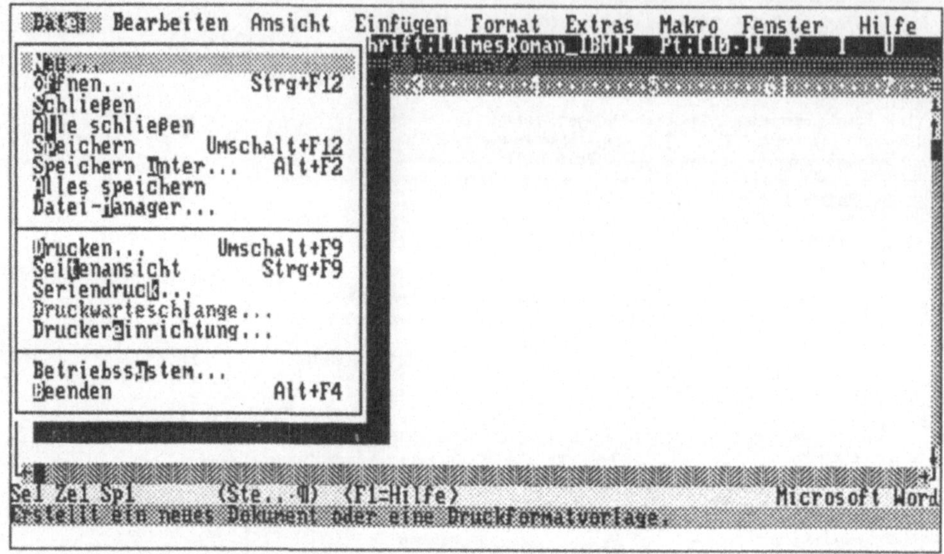

*Abb. 6: Wahl eines Befehls mit dem Pull-down-Menü **Datei***

Damit die Erläuterungen und Abbildungen im weiteren Verlauf mit den Darstellungen auf dem Bildschirm übereinstimmen, wird empfohlen, mit der Befehlsfolge ***Extras - Einstellungen*** die Grundeinstellung gemäß Abb. 8-9 zu wählen. Der Befehl ***Extras*** ***<alt x>*** hat folgendes Pull-down-Menü:

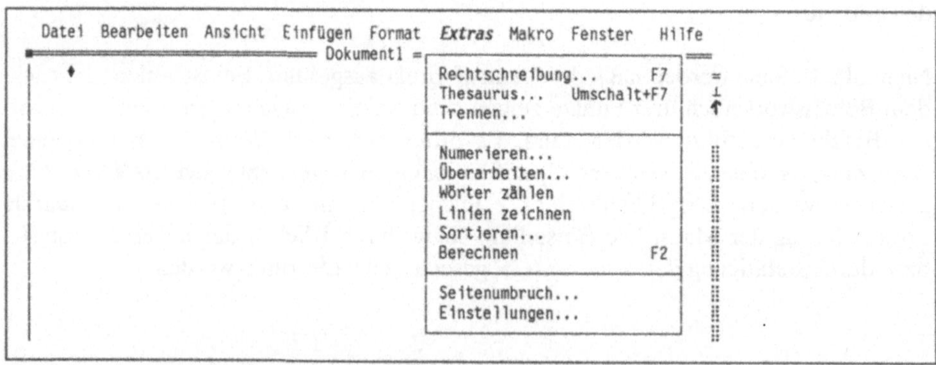

Abb. 7: Pull-down-Menü des Befehls Extras

Das Dialogfenster **Einstellungen** wird entweder durch Eingabe des **Hotkey** (Buchstabe e) oder Ansteuern des Befehls mit der Maus und Klicken der linken Maustaste aktiviert. Im Dialogfenster Menübild sind die zu aktivierenden Einstellungen durch ein X gekennzeichnet.

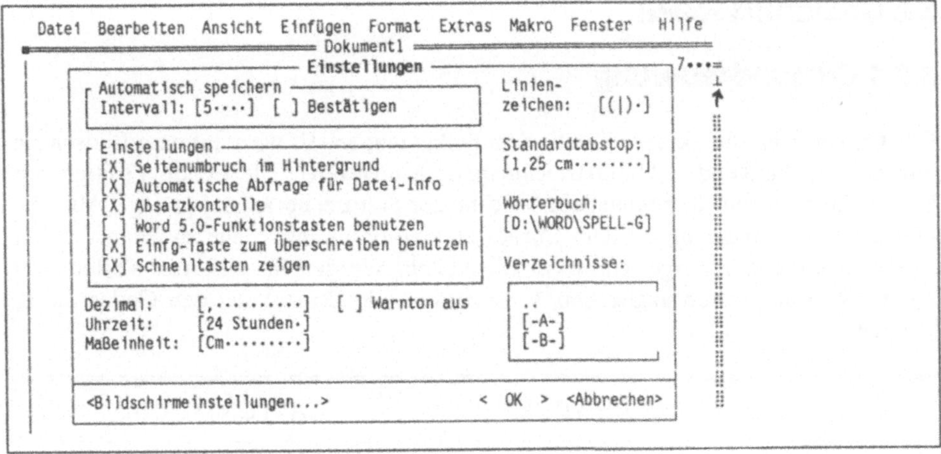

*Abb. 8: Dialogfenster **Extras - Einstellungen...***

Über <***Bildschirmeinstellungen*** > (Hotkey e) wird ein weiteres Menübild aktiviert, das entsprechend der Abb. 5 ausgefüllt werden sollte.

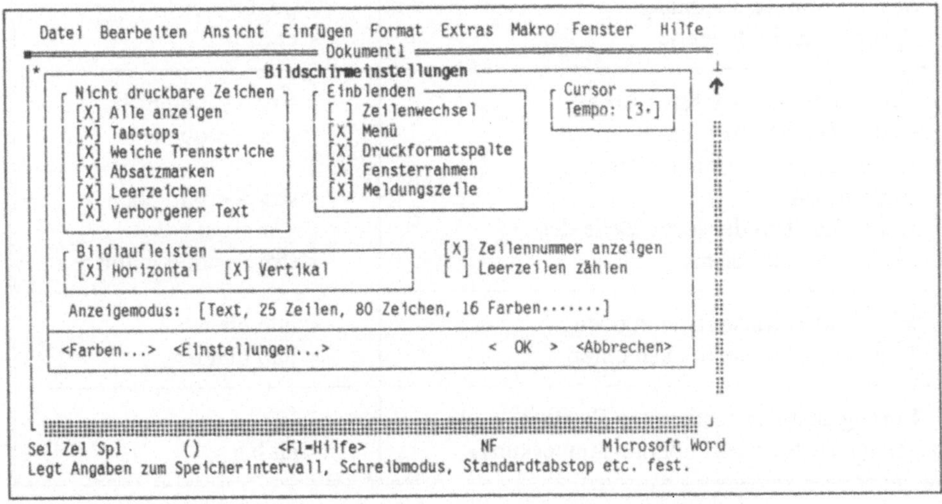

*Abb. 9: Dialogfenster **Extras - Einstellungen - Bildschirmeinstellungen...***

3.2 Grundfunktionen

3.2.1 Cursor-Steuerung

Der Cursor zeigt die aktuelle Position im Dokument an. Er wird auf dem Bildschirm durch einen blinkenden Unterstreichungsstrich angezeigt. Die exakte Position mit Seiten, Zeichen und Spaltenangabe wird in der Statuszeile angezeigt (vgl. Abb. 5). Um auf dem Dokument mit dem **Cursor** an eine bestimmte Stelle zu gelangen, gibt es die in Tabelle 1 dargestellten Möglichkeiten. Werden im weiteren Verlauf des Textes Richtungstasten angegeben, so entspricht die Darstellung den Codes dieser Tabelle.

POSITIONSANZEIGER BEWEGEN	TASTEN / CODE
Ein Zeichen nach rechts Ein Zeichen nach links Eine Zeile nach unten Eine Zeile nach oben	< rechts > < links > < unten > < oben >
Sprung zum Zeilenanfang Sprung zum Zeilenende	< pos1 > < ende >
Erstes Zeichen; nächster Absatz Erstes Zeichen; vorheriger Absatz Erstes Zeichen des aktuellen Bildschirms Erstes Zeichen der letzte Zeile des aktuellen Bildschirms	< strg > < unten > < strg > < oben > < strg > < bild oben > < strg > < bild unten >
Eine Bildschirmseite noch oben Eine Bildschirmseite nach unten	< bild oben > < bild unten >
Sprung zu einer bestimmten Position (Seite, Textmarke, Fußnote, Anmerkung)	< alt b,g >

TABELLE 1: Steuerung des Positionsanzeigers

Beim Arbeiten mit der Maus wird der **Mauszeiger**, je nachdem, ob Sie im Text- oder Grafikmodus arbeiten, entweder durch ein Rechteck oder einen Pfeil dargestellt. Um an eine bestimmte Position im Dokument zu gelangen, wird der Mauszeiger auf die gewünschte Position gesetzt und die linke Maustaste geklickt.

Einen horizontalen oder vertikalen **Bildlauf** bewirkt man über die **Bildlaufleisten**. Die Funktion der Bildlaufleiste wird in der folgenden Abbildung beschrieben:

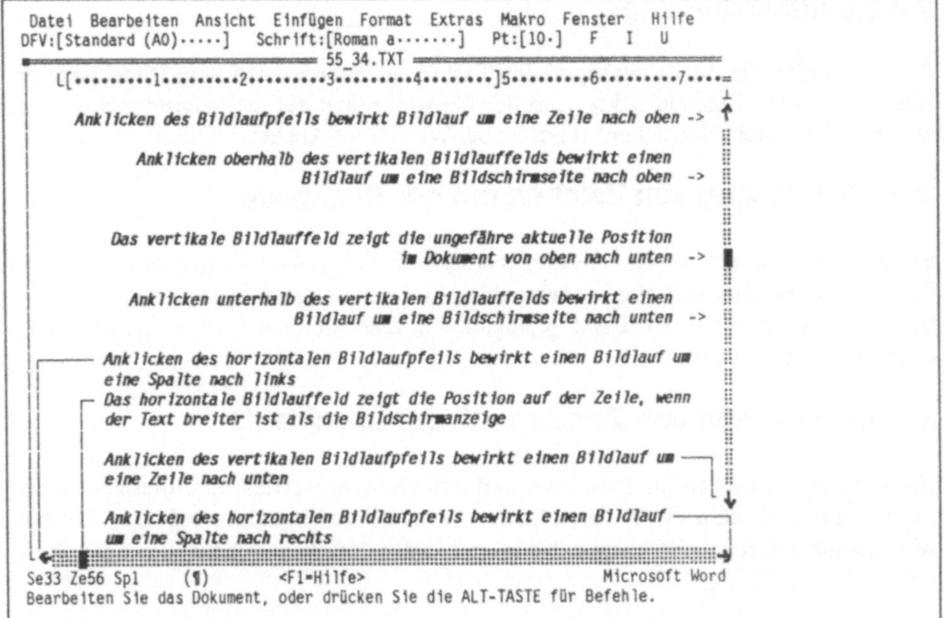

Abb. 10: Bildlauf mit der horizontalen und vertikalen Bildlaufleiste

3.2.2 Texterfassung und Korrektur

Die Erfassung eines Dokuments erfolgt im **Textfeld**, wobei die Tastatur grundsätzlich wie bei einer Schreibmaschine benutzt wird, allerdings mit erheblich mehr Komfort.

3.2.2.1 Zeilenumbruch

Beim Schreiben mit der herkömmlichen Schreibmaschine muß man auf den rechten Zeilenrand achten und bei Erreichen des Zeilenrandes die Zeilenschaltung bewußt herbeiführen. Bei einem Textverarbeitungsprogramm ist dies nicht erforderlich. Der Text wird als sogenannter "Fließtext" fortlaufend erfaßt, ohne daß der Anwender auf den Zeilenrand achten muß. Paßt ein Wort nicht mehr vollständig auf die Zeile, erfolgt ein **automatischer Zeilenumbruch**, d.h. das Wort, das nicht mehr auf die Zeile paßt, wird vollständig auf die nächste Zeile geschoben.

Soll bewußt ein Zeilenumbruch herbeigeführt werden, bevor der rechte Zeilenrand erreicht ist, verwendet man **<umschalten>** + **<eingabe>**. Auf dem Bildschirm erscheint dann am Zeilenende das Zeichen "**Pfeil nach unten**", und der Positionsanzeiger springt auf die nächste Zeile.

3.2.2.2 Absatzbildung

Absätze bilden Sie durch betätigen der Taste <**eingabe**>. Auf dem Bildschirm erscheint dann das Zeichen <¶>, und der Cursor springt auf die nächste Zeile. Alles was zwischen zwei "¶-Zeichen" steht, ist bei WORD als **Absatz** definiert.

3.2.2.3 Löschen von Zeichen mit der Rücktaste

Bemerkt man sofort bei der Texterfassung, daß das zuletzt eingegebene Zeichen falsch ist, so betätigt man die <**rücktaste**> (auch back-space genannt). Diese Taste befindet sich oberhald der Taste <eingabe>). Das vor dem Cursor stehende Zeichen wird dadurch gelöscht.

3.2.2.4 Löschen von Zeichen mit der Löschtaste

Ein beliebiges Zeichen im Text kann dadurch gelöscht werden, daß dieses Zeichen angesteuert und dann die Taste <**Entf**> bzw. <**Del**> betätigt wird. Das Zeichen wird damit gelöscht, alle rechts davon stehenden Zeichen werden um eine Stelle nach links geschoben.

3.2.2.5 Zeicheneinfügung

Fehlende Zeichen können an beliebiger Stelle problemlos eingefügt werden. WORD befindet sich im Normalfall im Einfügemodus. Die rechts vom Cursor stehenden Zeichen werden automatisch nach rechts verschoben.

3.2.2.6 Überschreiben von Zeichen <alt><F5>

Einzelne oder mehrere falsch eingegebene Zeichen können einfach überschrieben werden. Dazu wird die Tastenkombination <**alt**><**F5**> betätigt, die den Überschreibemodus einschaltet. In der Statuszeile erscheinen dann im **Zustandscode** die Zeichen "**ÜB**" (**ÜB**erschreiben). Da bei WORD der Normalzustand der Einfügemodus ist, empfiehlt es sich, nach der Fehlerkorrektur durch erneutes Betätigen von <**alt**> <**F5**> den Einfügemodus wiederherzustellen. Ist die Grundeinstellung über **Extras - Einstellungen** gemäß der Empfehlung erfolgt, so kann der **Überschreibemodus** vereinfacht mit der Taste <**Einfg**> ein- und ausgeschaltet werden.

3.2.3 Speichern von Texten

Für eine spätere Verwendung werden erfaßte Dokumente als Datei auf einem Datenträger, also einer Diskette oder der Festplatte, gespeichert. Für die Vergabe des Dateinamens sind die **Regeln der Namensvergabe im DOS** zu beachten. Beim Speichern der Datei wird von WORD dem Dateinamen automatisch die Erweiterung

.TXT angefügt. Diese Erweiterung muß nicht eingegeben werden. WORD sucht beim Laden von Dateien nach Dokumenten mit dieser Erweiterung.

3.2.3.1 Speichern eines neuen Dokuments

Wurde nach dem Start von Word sofort mit der Erfassung eines Dokuments begonnen, so wird die Datei mit der Befehlsfolge ***Datei - Speichern unter...*** ***<alt d,u>*** gespeichert :

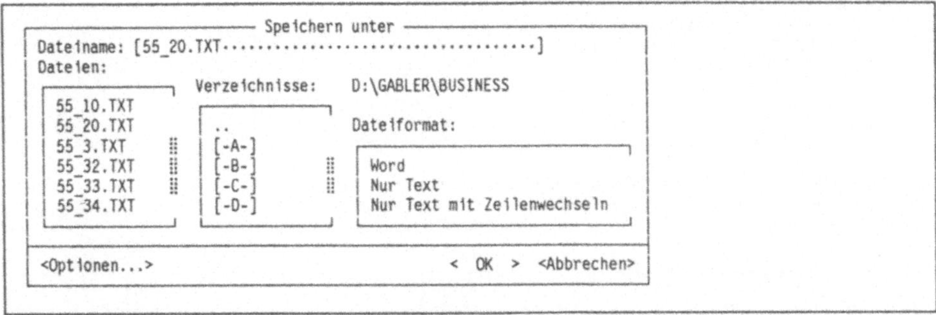

*Abb. 11: Dialogfenster **Datei - Speichern unter...***

Nach Eingabe des Namens und Bestätigung mit <eingabe> wird die Datei auf dem Datenträger gespeichert, wobei die **Meldezeile** Pfad, Dateiname und die Gesamtzahl der im Dokument abgespeicherten Zeichen anzeigt.

```
D:\GABLER\BUSINESS\55_20.TXT: 17749 Zeichen
```

Ist bereits eine Datei gleichen Namens vorhanden, so warnt das System vor dem **Überschreiben** durch versehentlich doppelte Namensvergabe.

```
Microsoft Word
D:\GABLER\BUSINESS\55_3.TXT: Datei existiert bereits.
        Wollen Sie die alte Datei überschreiben?

             <   OK   > < Abbrechen >
```

Abb. 12: Überschreibwarnung bei doppelter Namensvergabe

Sollen Dateien auf Festplatte oder Diskette in Unterverzeichnissen abgelegt werden, so muß der vollständige Pfad in der DOS-üblichen Form eingegeben werden. Wollen Sie ein bestimmtes Laufwerk zum **Standardlaufwerk** machen und/oder auf ein bestimmtes Unterverzeichnis zugreifen, so kann dies über ***<alt>*** - ***Datei - Speichern unter... - Optionen...*** eingestellt werden.

Beispiel: Standardlaufwerk für die Textdateien soll das Laufwerk C: Unterverzeichnis ARBEIT werden.

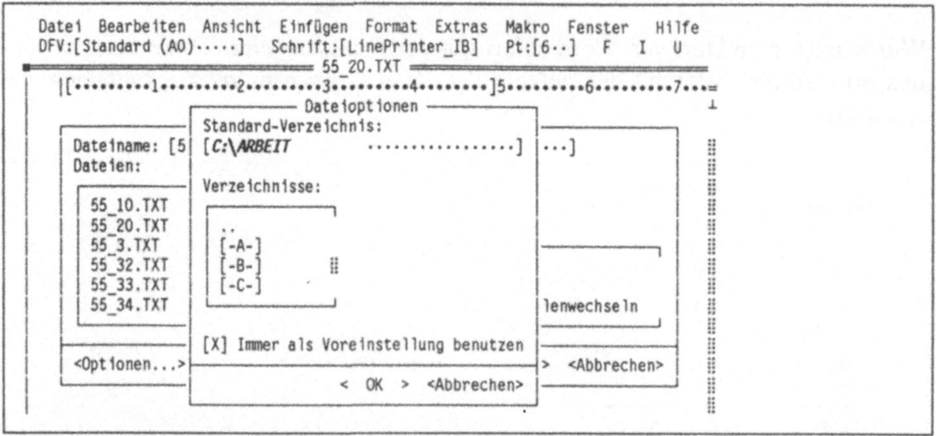

Abb. 13: Voreinstellung eines Standardverzeichnisses

3.2.3.2 Speichern eines bearbeiteten Dokuments

Ein bereits bearbeitetes Dokument wird mit der Befehlsfolge ***Datei* - *Speichern...* <alt d,p>** unter dem bereits vergebenen Namen gespeichert. Im oberen Begrenzungsrahmen wird der Dateiname übrigens angezeigt. Bei neuen Dokumenten steht dort einfach Dokument1.

3.2.3.3 Schließen eines Dokuments

Mit der Befehlsfolge ***Datei* - *Schließen* <alt d,s>** wird ein Dokument geschlossen, d.h. aus dem Hauptspeicher entfernt. Haben Sie an dem Dokument seit dem letzten Speichervorgang irgendeine Veränderung vorgenommen - und sei es auch nur ein einziges Zeichen - so erfolgt prompt die Warnung:

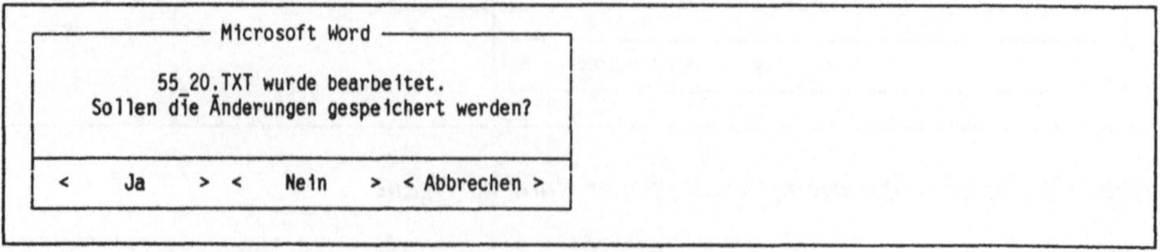

Abb. 14: Warnung vor Datenverlust beim Schließen einer Datei

3.2.4 Laden einer Textdatei

Das Laden einer Datei geschieht in der Form, daß das ausgewählte Dokument von der Diskette oder der Festplatte in den Hauptspeicher übertragen wird. Die Befehlsfolge dazu lautet ***Datei - Öffnen...*** ***<alt d,f>***.

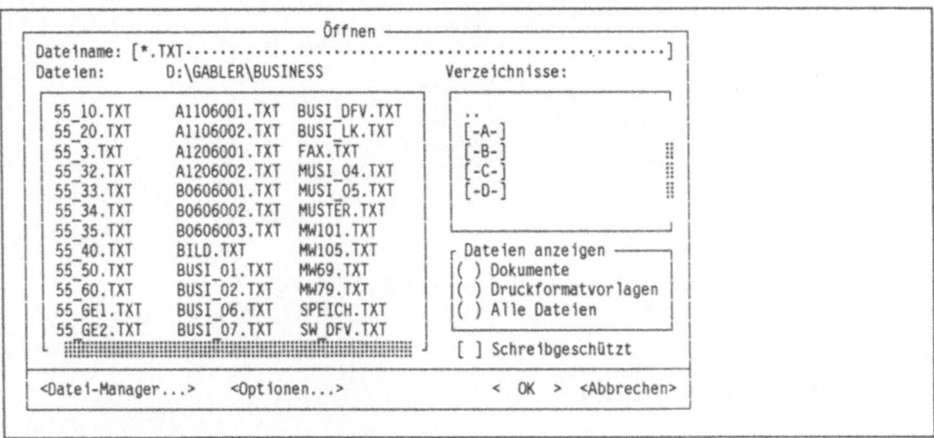

Abb. 15: Dialogfenster Datei - Öffnen...

Die gewünschte Datei wird entweder mit den Steuerungstasten oder mit der Maus markiert und mit **<eingabe>** oder durch Klicken von **<ok>** geladen. Wird bei ***Schreibgeschützt*** ein [X] gesetzt, so kann das Dokument nur gelesen, aber nicht überschrieben werden. Dies wird dadurch angezeigt, daß im oberen Begrenzungsrahmen vor den Dateinamen das Zeichen [*] steht.

Ist bereits eine Datei geladen, so wird beim Öffnen einer weiteren Datei ein neues Fenster eingerichtet. Im folgenden Beispiel sind 4 Dateien geöffnet und das Pulldown Menü **Fenster** ist aktiviert. Sie können zwischen den geöffneten Dateien wechseln, also gleichzeitig mit mehreren Dokumenten arbeiten. Dies geschieht durch Anklicken der gewünschten Datei im oberen Begrenzungsrahmen oder im Menü Fenster. Bei Wahl der Option Vollbild wird das aktuelle Fenster über den gesamten Bildschirm ausgedehnt.

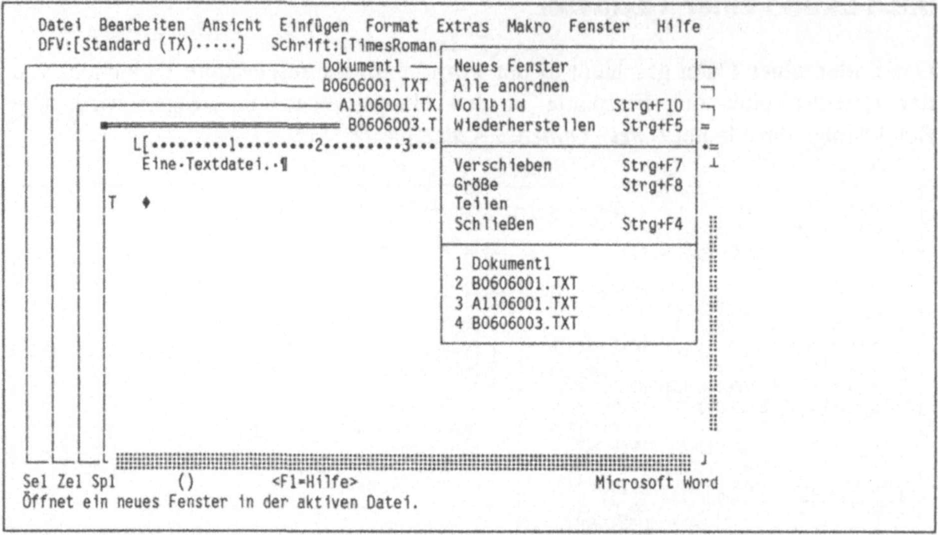

Abb. 16: Öffnen mehrerer Dateien

Mehrere Dokumente könnten mit der Befehlsfolge ***Datei - Alle schließen <alt d,l>*** mit einem Befehlsvorgang geschlossen werden. Auch hier erfolgt eine Warnung, wenn eine Datei im letzten Bearbeitungsstand noch nicht gespeichert wurde.

3.2.5 Seitenumbruch

Während des Druckvorgangs wird automatisch ein Seitenumbruch durchgeführt, d.h., WORD formatiert die Seiten nach den getroffenen Festlegungen selbständig. Häufig wird man den Seitenumbruch selbst festlegen wollen, um "Hurenkinder" und "Schusterjungen" zu verhindern. Diese Begriffe bezeichnen einen Seitenumbruch, bei dem die letzte Zeile eines Absatzes auf der Folgeseite gedruckt wird, oder umgekehrt die erste Zeile eines Absatzes als letzte Zeile einer Seite gedruckt wird. Dies ist bei Eingabe der folgenden Befehlsfolge ***Extras - Seitenumbruch <alt x,s>*** möglich, wenn ***Seitenwechsel bestätigen*** mit [X] aktiviert ist.

Abb. 17: Bestätigter Seitenumbruch

Steht schon bei der Texterfassung fest, daß an einer bestimmten Stelle ein Seitenwechsel stattfinden soll, so kann dies mit der Tastenkombination **<strg> + <umschalten> + <eingabe>** festgelegt werden. Eine gepunktete Linie zeigt dann auf dem Bildschirm den Seitenumbruch an.

3.2.6 Druck einer Datei

Vor dem Ausdruck einer Datei empfiehlt es sich, die **Preview-Funktion** von Word zu nutzen. Mit der Befehlsfolge ***Datei - Seitenansicht*** ***<alt d,t>*** wird am Bildschirm das **Layout** für den Ausdruck angezeigt.

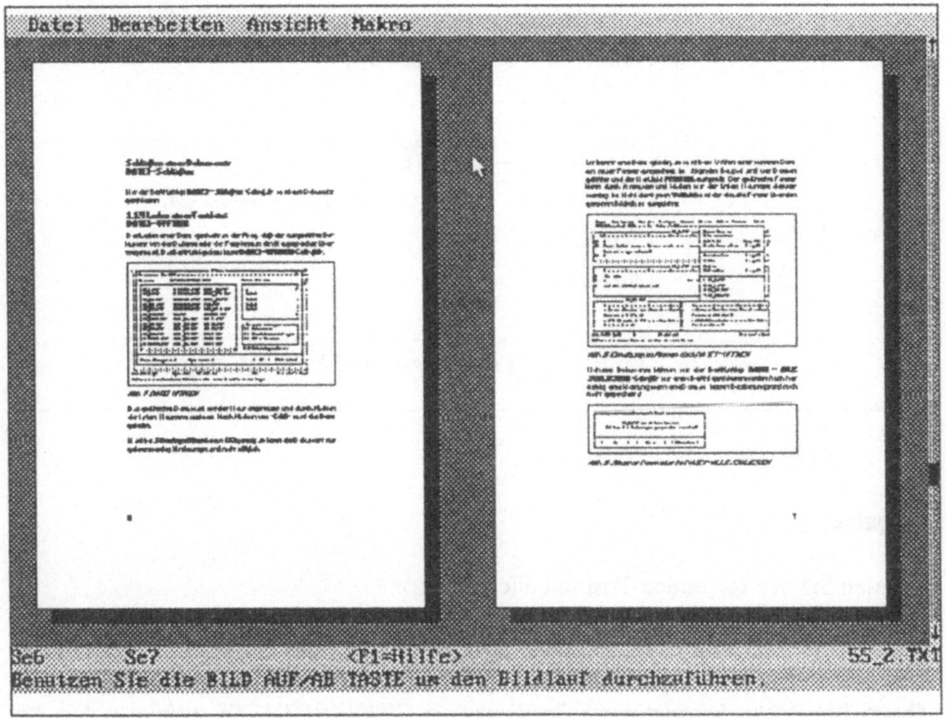

Abb. 18: Layoutkontrolle über Datei - Seitenansicht

Ist der Seitenumbruch erfolgt und entspricht die Layoutkontrolle den Erwartungen, kann der Ausdruck mit ***Datei - Drucken...*** ***<alt d,d>*** erfolgen. Die folgende Abbildung zeigt die möglichen Einstellungen:

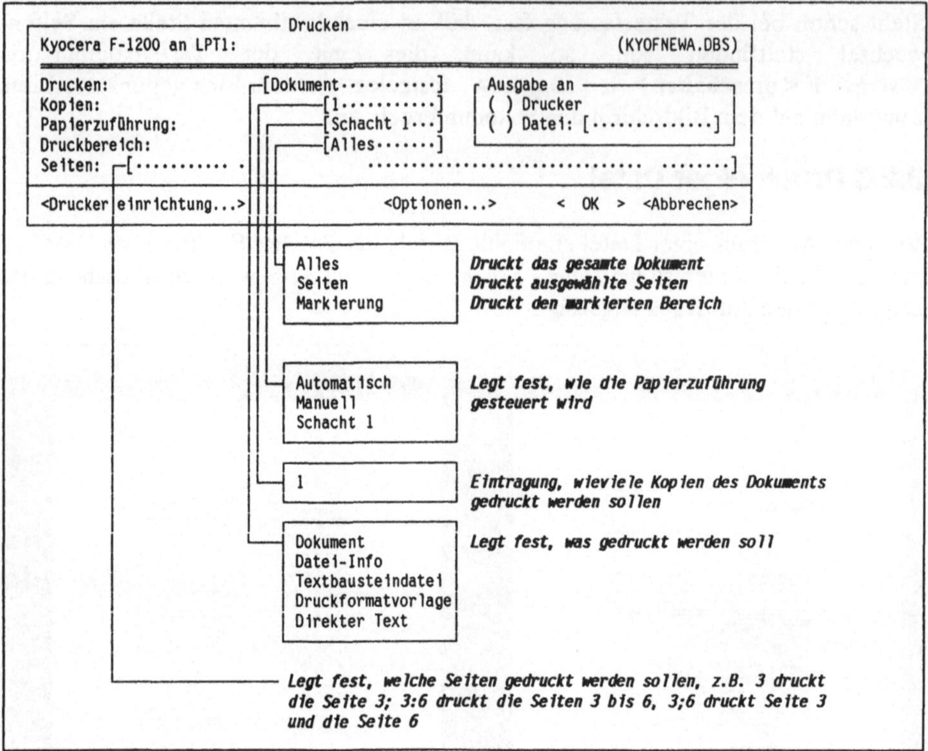

Abb. 19: Parameter Datei - Drucken

Aufgabe

Erfassen Sie den folgenden Text mit allen Fehlern:

Schallten Sie am Ende dieses Satzes durch Betätigung der UMSCHALTTASTE + EINGABETASTE auf eine neue Zeile. Damit befiden Sie sich immer noch im selben Absatz. Ein Absatz beendet durch Betätigung der EINGABETASTE. Schließen Sie den Absatz am Ende dieses Satzes. Fügen Sie vor diesem Satz zuätzlich 1 Leerzeile ein.

Verbesseren Sie die Eingabefehler und führen Sie die im Text beschriebenen Korrekturen durch. Nach Korrektur der Fehler soll die Datei ausgedruckt und erneut gespeichert werden. Der Text müßte jetzt so aussehen:

Schalten Sie am Ende dieses Satzes durch Betätigung der UMSCHALTTASTE + EINGABETASTE auf eine neue Zeile.
Damit befinden Sie sich immer noch im selben Absatz. Ein Absatz wird beendet durch Betätigung der EINGABETASTE. Schließen Sie den Absatz am Ende dieses Satzes.

Fügen Sie vor diesem Satz zusätzlich eine Leerzeile ein.

3.3 Formatierungen

Die Gestaltung der Dokumente in WORD geschieht über den Befehl ***Format***. Von der Vielzahl der Formatierungsmöglichkeiten werden im weiteren Verlauf die wichtigsten für die Dokumentgestaltung behandelt.

```
Zeichen...
Absatz...
Abschnitt...
Seitenränder...
-----------------------------
Tabstops...
Umrandung...
Position...
Kopf-/Fußzeilen...
-----------------------------
Druckformat zuweisen...
Druckformat festhalten...
Druckformat definieren
Druckformatvorlage verbinden...
```

*Abb. 20: Pull-down-Menü des Befehls **Format***

3.3.1 Format Seitenränder...

Mit ***Format - Seitenränder...*** ***<alt t, s>*** wird die Seitengröße und die gewünschten Ränder festgelegt werden. Die festgelegten Ränder gelten im allgemeinen für ein gesamtes Dokument. Das Ende eines **Abschnitts** wird durch eine doppelte Punktlinie angezeigt.

Im Beispiel Abb. 21 werden die Ränder wie abgebildet festgelegt. Die Auswirkung auf die Gestaltung der Druckseite, der sog. **Satzspiegel**, ist darunter dargestellt.

3.3.2 Absatzformatierungen

Innerhalb der bedruckbaren Fläche werden Absätze über die Befehlsfolge ***Format - Absatz*** ***<alt t, a>*** formatiert. Das Menü Abb. 22 zeigt die Gestaltungsmöglichkeiten.

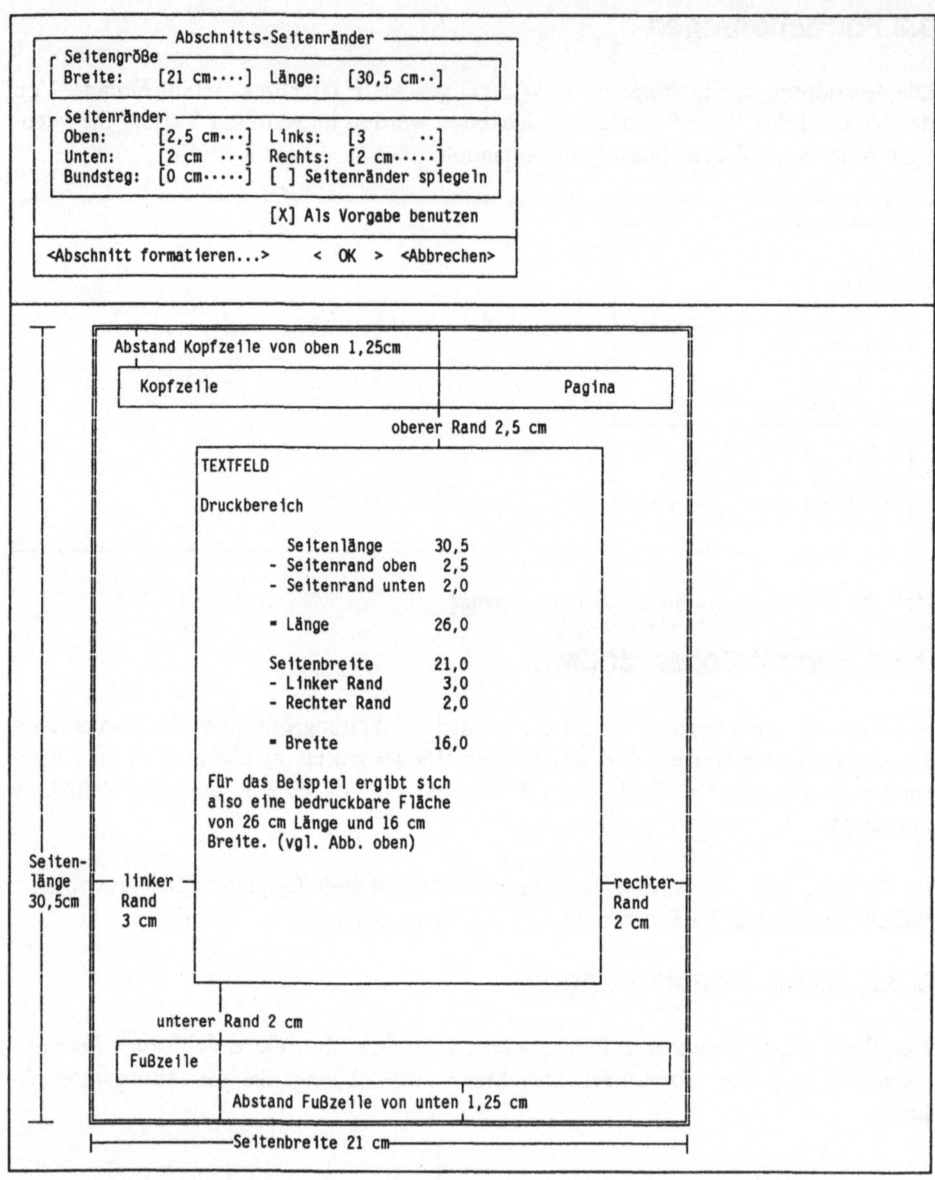

Abb. 21: Festlegung Format - Seitenränder

```
┌──────────────────────── Absatz ──────────────────────────────┐
│┌ Ausrichtung ───────────────────────────────────────────────┐│
││ ( ) Linksbündig  ( ) Zentriert  ( ) Rechtsbündig  ( ) Blocksatz ││
│└────────────────────────────────────────────────────────────┘│
│┌ Einzüge ──────────────────┐  ┌ Abstand ──────────────────┐ │
││ Von links:    [0 cm······] │  │ Oberhalb:  [0 ze·······]  │ │
││ Erste Zeile:  [0 cm······] │  │ Unterhalb: [0 ze·······]  │ │
││ Von rechts:   [0 cm······] │  │ Zeilen:    [1 ze·······]  │ │
│└───────────────────────────┘  └───────────────────────────┘ │
│┌ Absatz ───────────────────┐                                │
││ [ ] Zusammenhalten         │                                │
││ [ ] Mit nächstem zusammenhalten │   [ ] Nebeneinander       │
│└───────────────────────────┘                                │
├──────────────────────────────────────────────────────────────┤
│ <Tabstops...>                                                │
│ <Umrandung...>  <Position...>          <  OK  >  <Abbrechen> │
└──────────────────────────────────────────────────────────────┘
```

Abb. 22: Dialogfenster Format - Absatz...

3.3.2.1 Anwendungsbeispiele für Absatzformatierungen

Den folgenden Beispielen für Absatzformatierungen ist die Einstellung über ***Format - Absatz...*** vorangestellt, so daß die Formatierung leicht nachvollziehbar ist:

```
┌ Ausrichtung ──────────────────────────────────────────────┐
│ (X) Linksbündig  ( ) Zentriert  ( ) Rechtsbündig  ( ) Blocksatz │
└───────────────────────────────────────────────────────────┘
```

Dieser Absatz ist linksbündig festgelegt. Paßt ein Wort nicht mehr vollständig auf die Zeile geht, wird es auf die nächste Zeile geschoben. Der rechte Rand flattert.

```
┌ Ausrichtung ──────────────────────────────────────────────┐
│ ( ) Linksbündig  ( ) Zentriert  (X) Rechtsbündig  ( ) Blocksatz │
└───────────────────────────────────────────────────────────┘
```

Das sind rechtsbündige Absätze.
Die Zeilen sind rechtsbündig angeordnet.
Der linke Rand flattert.

```
┌ Ausrichtung ──────────────────────────────────────────────┐
│ ( ) Linksbündig  (X) Zentriert  ( ) Rechtsbündig  ( ) Blocksatz │
└───────────────────────────────────────────────────────────┘
```

Das sind
zentrierte Absätze,
linker und rechter Rand flattern
um die
Mittelachse.

```
┌ Ausrichtung ──────────────────────────────────────────────┐
│ ( ) Linksbündig  ( ) Zentriert  ( ) Rechtsbündig  (X) Blocksatz │
└───────────────────────────────────────────────────────────┘
```

Für diesen Absatz wurde als Ausrichtung **[X] Blocksatz** gewählt. Der linke und rechte Rand werden dabei ausgeglichen, indem der Wortabstand entsprechend vergrößert wird.

```
Ausrichtung
(X) Linksbündig  ( ) Zentriert  ( ) Rechtsbündig  ( ) Blocksatz

Einzüge                              Abstand
Von links:     [1,5 cm····]          Oberhalb:  [0 ze·······]
Erste Zeile:   [0 cm······]          Unterhalb: [0 ze·······]
Von rechts:    [0 cm······]          Zeilen:    [1 ze·······]
```

Das ist ein Absatz, der linksbündig mit einem linken Einzug von 1,5 cm definiert wurde. Der Einzug berechnet sich vom linken Rand.

```
Ausrichtung
( ) Linksbündig  ( ) Zentriert  ( ) Rechtsbündig  (X) Blocksatz

Einzüge                              Abstand
Von links:     [1 cm·  ···]          Oberhalb:  [0 ze·······]
Erste Zeile:   [0 cm······]          Unterhalb: [0 ze·······]
Von rechts:    [1 cm······]          Zeilen:    [1 ze·······]
```

Das ist ein Absatz, der als Blocksatz mit einem linken Einzug von 1 cm und einem rechten Einzug von 1 cm definiert wurde. Der Einzug berechnet sich jeweils vom linken bzw. rechten Rand.

```
Ausrichtung
( ) Linksbündig  ( ) Zentriert  ( ) Rechtsbündig  (X) Blocksatz

Einzüge                              Abstand
Von links:     [0 cm·  ···]          Oberhalb:  [0 ze·······]
Erste Zeile:   [2 cm······]          Unterhalb: [0 ze·······]
Von rechts:    [0 cm······]          Zeilen:    [1 ze·······]
```

Das ist ein Absatz, der linksbündig mit einem Einzug von 2 cm für die erste Zeile definiert wurde. Nach jedem Absatz wird die erste Zeile automatisch eingezogen.

Das ist der zweite Absatz, dessen erste Zeile ebenfalls eingezogen ist.

```
Ausrichtung
( ) Linksbündig  ( ) Zentriert  ( ) Rechtsbündig  (X) Blocksatz

Einzüge                              Abstand
Von links:     [0 cm·  ···]          Oberhalb:  [0 ze·······]
Erste Zeile:   [2 cm······]          Unterhalb: [0 ze·······]
Von rechts:    [1 cm······]          Zeilen:    [1 ze·······]
```

Das ist ein Absatz, der als Blocksatz mit einem Einzug von 2 cm für die erste Zeile und einem rechten Einzug von 1 cm definiert wurde. Nach jeder Absatzmarke wird auch hier die erste Zeile automatisch eingezogen.

```
┌ Ausrichtung ─────────────────────────────────────────────────────┐
│ ( ) Linksbündig  ( ) Zentriert  ( ) Rechtsbündig  (X) Blocksatz │
└──────────────────────────────────────────────────────────────────┘
┌ Einzüge ─────────────────────┐  ┌ Abstand ──────────────────┐
│ Von links:     [0 cm·  ···]  │  │ Oberhalb:  [0 ze·······]  │
│ Erste Zeile:   [-2 cm·····]  │  │ Unterhalb: [0 ze·······]  │
│ Von rechts:    [1,5 cm····]  │  │ Zeilen:    [1 ze·······]  │
└──────────────────────────────┘  └───────────────────────────┘
```

Das ist ein Absatz im Blockformat mit einem linken Einzug von 2 cm, einem Einzug der ersten Zeile von -2 cm und einem rechten Einzug von 1,5 cm. Negative Einzüge sind allerdings nur möglich, wenn standardmäßig ein Einzug definiert wurde. Dabei kann der negative Einzug nicht über den in FORMAT BEREICH festgelegten linken Rand hinausragen.

```
┌ Ausrichtung ─────────────────────────────────────────────────────┐
│ ( ) Linksbündig  ( ) Zentriert  ( ) Rechtsbündig  (X) Blocksatz │
└──────────────────────────────────────────────────────────────────┘
┌ Einzüge ─────────────────────┐  ┌ Abstand ──────────────────┐
│ Von links:     [1 cm·  ···]  │  │ Oberhalb:  [0 ze·······]  │
│ Erste Zeile:   [0 cm  ····]  │  │ Unterhalb: [0 ze·······]  │
│ Von rechts:    [1   cm····]  │  │ Zeilen:    [1,5 ze·····]  │
└──────────────────────────────┘  └───────────────────────────┘
```

Das ist ein Absatz, der als Blocksatz mit einem linken und einem rechten Einzug von je 1 cm definiert wurde. Als Zeilenabstand wurde 1,5 eingetragen. Der Absatz wird dadurch 1 1/2-zeilig geschrieben.

Mit den übrigen Optionen der Absatzformatierungen kann der Anfangs- und Endeabstand bzw. der Seitenumbruch beeinflußt werden. Dies wird erst später behandelt.

3.3.2.2 Direkte Absatzformatierung

Zur Absatzformatierung genügt es, ein beliebiges Zeichen innerhalb des Absatzes anzusteuern. Sollen mehrere Absätze zugleich formatiert werden, so müssen alle Absätze markiert sein. Dies geschieht mit **<alt> <F10>** (**Markierung Absatz**), anschließend **<F8>** (**Erweiterung**) und Ausleuchten aller zu formatierenden Absätze. Dadurch können alle markierten Absätze auf einmal gleichartig formatiert werden.

Unabhängig von der Absatzformatierung über das Menü ist für wichtige Absatzformatierungen auch eine "**direkte Formatierung**" durch Tastenkombinationen möglich. Die Möglichkeiten der direkten Absatzformatierung sind der Tabelle 2 zu entnehmen. Mit der Tastenkombination **<strg> + <x>** werden Absätze wieder auf das Standardformat zurückgesetzt.

Absatzformatierung	**Tastenkombination**
Ausrichtung Linksbündig	<strg> +l
Ausrichtung Zentriert	<strg> +z
Ausrichtung Rechtsbündig	<strg> +r
Ausrichtung Blocksatz	<strg> +b
Einzug vergrößern linken Einzug	<strg> +g
Einzug verkleinern linken Einzug	<strg> +m
Einzug negativ für erste Zeile	<strg> +y
Einzug linker und rechts	<strg> +q
Leerzeile über dem Absatz	<strg> +a
Einzeiliger Absatzabstand	<strg> +1
Zweizeiliger Absatzabstand	<strg> +2
Zurücksetzen auf Standardabsatz	<strg> +x

TABELLE 2: Direkte Absatzformatierung

Aufgabe

Vollziehen Sie die gezeigten Beispiele für Absatzformatierungen nach.

3.3.3 Zeichenformatierungen

Um Texte übersichtlich zu gestalten und dem Adressaten des Dokuments durch sinnvolle Hervorhebungen das Lesen zu erleichtern, bietet WORD eine Reihe von Formatierungsmöglichkeiten für Zeichen an. Unter Zeichen kann dabei sowohl ein einzelnes Zeichen als auch mehrere Zeichen, ein Wort, alle Zeichen eines Absatzes oder gar der gesamte Text verstanden werden. Deshalb ist es erforderlich, dem System mitzuteilen, was formatiert werden soll. Dazu müssen die zu formatierenden Zeichen markiert werden.

3.3.3.1 Markieren von Zeichen

Ein einzelnes Zeichen ist markiert, wenn dieses mit dem Cursor angesteuert ist. Sollen mehrere Zeichen gekennzeichnet werden, so steuert man das erste Zeichen an und betätigt die Taste **<F8>**. Es erscheint dann in der Statuszeile beim Zustandscode die Kennzeichnung **ER** für **ER**weiterung. Durch Betätigung der Richtungstasten <rechts> oder <links> werden die zu formatierenden Zeichen markiert. Die so ausgeleuchteten Zeichen können dann formatiert werden.

Um rationell zu markieren, sind die Tastenkombinationen gemäß Tabelle 3 möglich:

Markieren von	Tastenkombination
Erweiterung einschalten Erweiterung ausschalten	<F8> <esc>
Wort markieren Satz markieren Absatz markieren Dokument markieren	2-mal <F8> oder <alt> <F6> 3-mal <F8> oder <alt> <F8> 4-mal <F8> oder <alt> <F10> 5-mal <F8> <umschalt> <F10>

TABELLE 3: Markieren

3.3.3.2 Formatierungsmöglichkeiten

Nach Eingabe der Befehlsfolge ***Format - Zeichen...*** ***<alt t, z>*** werden die Möglichkeiten der Zeichenformatierung angezeigt:

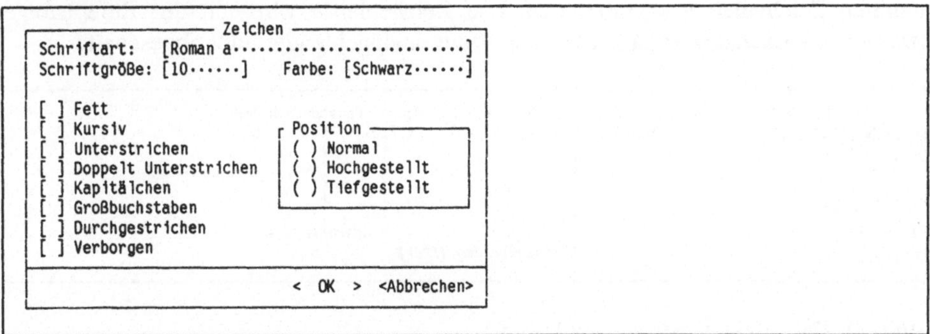

*Abb. 23: Dialogfenster **Format - Zeichen***

Die folgende Abbildung zeigt entsprechende Beispiele:

fett

kursiv

unterstrichen

~~durchgestrichen~~

GROSSBUCHSTABEN
auch klein geschriebene Buchstaben
werden als Großbuchstaben ausgegeben

KAPITÄLCHEN
bewirkt, daß die kleinen Buchstaben
als kleine Großbuchstaben gedruckt werden.

doppelt unterstrichen

Position: normal hochgestellt tiefgestellt

Abb. 24: Beispiele für Zeichenformatierungen

WORD 5.5. bietet die Möglichkeit, die Formatierung der Zeichen auf der sogenannten **Zeichenleiste** einzublenden. Die Zeichenleiste wird mit der Befehlsfolge ***Ansicht - Zeichenleiste <alt a, z>*** nach Wunsch eingeblendet oder abgeschaltet.

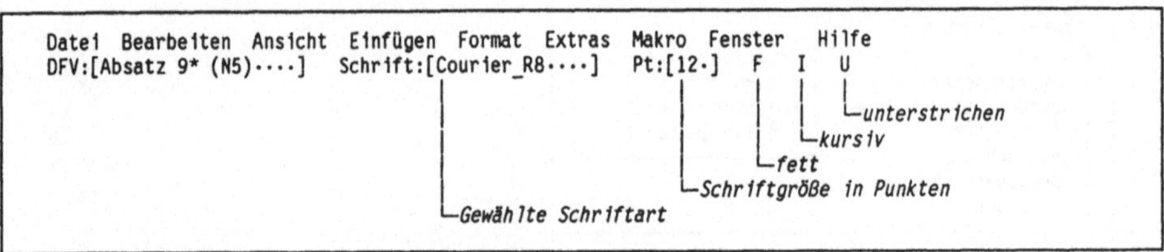

Abb. 25: Die Zeichenleiste von WORD 5.5

Die Schriftart und der Schriftgrad sind von den Möglichkeiten des angeschlossenen Druckers abhängig. Hier ein Beispiel der Darstellungsmöglichkeiten des Druckers KYOCERA F 1200, mit dem dieses Buch gedruckt wurde.

Das ist Courier_LQ Schriftgrad 12

Das ist Times Roman Schriftgrad 8

Das ist LinePrinter Schriftgrad 9

Das ist Times Roman Schriftgrad 10

Das ist Times Roman Schriftgrad 10 kursiv

Das ist Helvetica Schriftgrad 12

Abb. 26: Beispiele für verschiedene Schriftgrade eines Druckers

3.3.3.3 Direkte Zeichenformatierung

Neben der Form der Formatierungen über das Auswahlmenü gibt es wie bei der Absatzformatierung die Möglichkeit, Zeichen über Tastenkombinationen "direkt" zu formatieren. Dazu müssen die zu formatierenden Zeichen in der bereits beschriebenen Form markiert sein. Eine bestehende Zeichenformatierung kann durch die Tastenkombination **<alt> + <leertaste>** wieder auf das Standardformat zurückgeführt werden. Die Möglichkeiten der direkten Zeichenformatierung sind der folgenden Tabelle zu entnehmen.

ZEICHENFORMATIERUNG	TASTENKOMBINATION
fett kursiv unterstrichen doppelt unterstrichen	<strg> +f <strg> +i <strg> +u <strg> +d
hochgestellt tiefgestellt	<strg> +h <strg> +t
Kapitälchen	<strg> +k
verborgener Text	<strg> +o
Standard	<strg> + <leertaste>

TABELLE 4: Direkte Zeichenformatierung

Außerdem können Sie mit der Maus auf der Zeichenleiste durch Anklicken des Auswahlpfeils die Schriftart und Schriftgröße direkt formatieren. Im folgenden Beispiel wurde der Auswahlpfeil für die Schriftart angeklickt. Es öffnet sich dann ein Pull-down-Menü mit den Schriftarten des installierten Druckers.

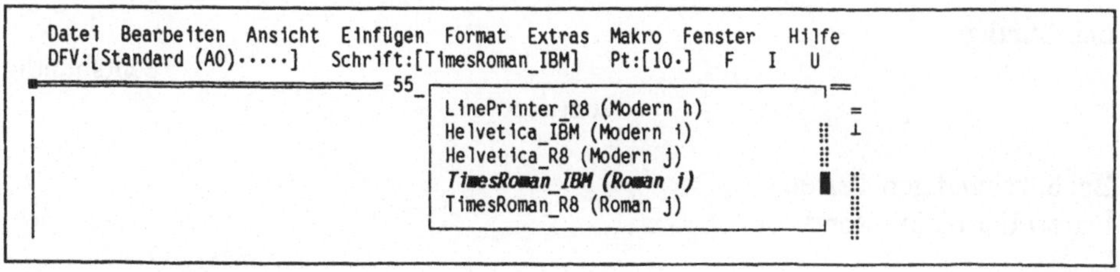

```
Datei  Bearbeiten  Ansicht  Einfügen  Format  Extras  Makro  Fenster   Hilfe
DFV:[Standard (AO)·····]   Schrift:[TimesRoman_IBM]   Pt:[10·]   F   I   U
                             55_
                                 LinePrinter_R8 (Modern h)
                                 Helvetica_IBM (Modern i)
                                 Helvetica_R8 (Modern j)
                                 TimesRoman_IBM (Roman i)
                                 TimesRoman_R8 (Roman j)
```

Abb. 27: Zeichenformatierung über die Zeichenleiste

Neben Schriftart und Schriftgröße können auf diesem Wege die Zeichen direkt **fett**, *kursiv* und <u>unterstrichen</u> formatiert werden sowie ein Druckformat zugewiesen werden (vgl. Kapitel 5).

Aufgabe

Erfassen und gestalten Sie den folgenden Text:

Textverarbeitung mit WORD

WORD ist ein Textverarbeitungsprogramm von Microsoft. Mit Hilfe von Tastenkombinationen lassen sich leicht und schnell Formatierungen des Textes vornehmen. Dazu wird die STRG-TASTE (das wurde als Kapitälchen formatiert) in Verbindung mit einer weiteren Taste betätigt.

Voraussetzung ist, daß das oder die Zeichen vorher **markiert** sind. Wenn Sie einen PC mit einer grafikfähigen Bildschirmdarstellung haben, so wird Ihnen die Formatierung auch sofort dargestellt.

Dadurch können Sie Zeichen

fett darstellen,
kursiv schreiben,
<u>unterstreichen,</u>
~~durchstreichen,~~
ALS KAPITÄLCHEN DRUCKEN,
<u>doppelt unterstreichen,</u>
hochstellen $(a + b)^2 = a^2 + 2ab + b^2$,
tiefstellen $K_g = K_f + K_v$.

Auf die gleiche Art und Weise lassen sich auch Absätze in verschiedenen Formaten darstellen,

linksbündig

rechtsbündig

zentriert

Bei linksbündigen Texten
flattert der rechte Rand.

Bei rechtsbündigen Texten
werden die Texte
am rechten Rand orientiert
und flattern links.

Bei zentrierten Absätzen
flattern
diese
um die Mittelachse.

Einen professionellen Eindruck vermitteln die erstellten Texte, wenn Sie mit Blocksatz arbeiten, d.h. die Absätze so formatieren, daß auch der rechte Rand ausgeglichen wird.

Die möglichen Schriftarten und Schriftgrößen sind abhängig von dem angeschlossenen Drucker. Ist beispielsweise der IBMGRAPH angeschlossen, so steht Ihnen nur die Schriftart PICA in Normal- und Doppeldruck in den Schriftgraden 8, 12, 14 und 16 zur Verfügung.

Das ist die Schriftart TimesRoman mit Schriftgrad 8
Das ist die Schriftart TimesRoman mit Schriftgrad 10
Das ist die Schriftart Helvetica Schrift mit Schriftgrad 12
Das Helvetica mit Schriftgrad 14,5

3.3.4 Formatierung von Tabulatoren

WORD 5.5 hat als Standardeinstellung linksbündige Tabstops im Abstand von 1,25 cm vorgesehen. Die Tabstops werden mit der Taste **<tab>** ähnlich wie bei der Schreibmaschine gesetzt. Über die Befehlsfolge ***Extras* - *Einstellungen...*** *<alt x, e>* (vgl. Abb. 8) kann der gewünschte Abstand für Standardtabstops verändert werden.

3.3.4.1 Arten der Tabulatoren

Um eine individuelle Tabelle zu erstellen, bietet WORD vielfältige Möglichkeiten, mit Tabulatoren zu arbeiten. Das **Zeilenlineal** von WORD hilft beim Bestimmen der Positionen und zeigt außerdem gesetzte Tabstops an. Das Zeilenlineal wird mit der Befehlsfolge ***Ansicht* - *Lineal*** *<alt a, l>* ein/ ausgeblendet. Mit der Maus wird das Lineal ein-/ausgeblendet, indem das Zeichen [⊥] im rechten Rahmen angeklickt wird.

```
Datei  Bearbeiten  Ansicht  Einfügen  Format  Extras  Makro  Fenster   Hilfe
DFV:[Standard* (AO)····]  Schrift:[Roman a·······]  Pt:[10·]  F  I  U
═══════════════════════════ 55_3.TXT ═══════════════════════════
┌  L[·········1·········2·········3·········4········]5·········6·········7···═
│
└Zeilenlineal mit Informationen über die Position von Tabstops und Einzügen
                              Ein/Ausblenden des Zeilenlineals durch
                              Anklicken dieses Symbols mit der Maus ──── ⊥
```

Abb. 28: Ein-/Ausblenden des Lineals

Die folgende Abbildung zeigt die Arten der Tabulatoren, die WORD zur Verfügung stellt. Außerdem sind die dafür verwendeten Symbole im Lineal dargestellt.

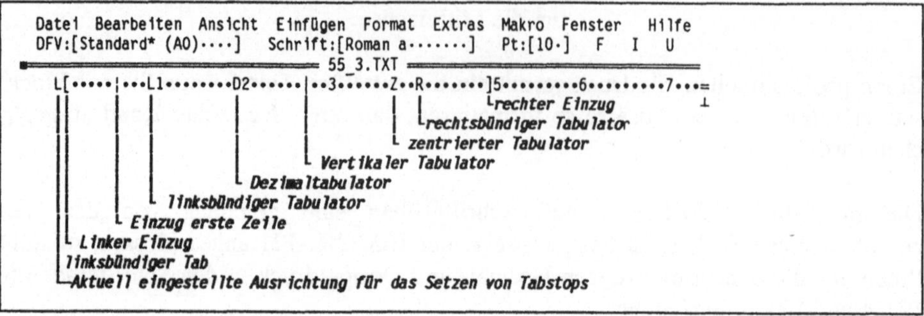

Abb. 29: Arten der Tabulatoren mit den Symbolen

Die folgenden Beispiele zeigen die Wirkung der verschiedenen Tabulatorarten:

linksbündiger Tab
Tabposition 6,6 cm

Rechtsbündiger Tab
Tabposition 6,6 cm

Zentrierter Tab
Tabposition 6,6 cm

Dezimaltab 10,23
Tabposition 6,6 cm 10,1
1,234

Vertikaler Tab |
Tabposition 6,6 cm |

3.3.4.2 Setzen der Tabulatoren

Die Tabulatoren können vor Beginn der Texteingabe gesetzt werden. Dazu markieren Sie sinnvollerweise einige Absatzmarken und formatieren anschließend die Tabulatoren. Absatzformatierungen, also auch Tabulatoren, werden mit der Absatzmarke "transportiert", so daß die Tabelle beliebig verlängert werden kann. Die zweite Möglichkeit besteht darin, die Tabelle mit Tabstops einzugeben, anschließend zu markieren und die gesamte Tabelle mit Tabulatoren zu versehen.

Setzen von Tabulatoren über das Menü

Über das Menü werden Tabulatoren mit der Befehlsfolge ***Format - Tabstops...*** *<alt t,t>* gesetzt.

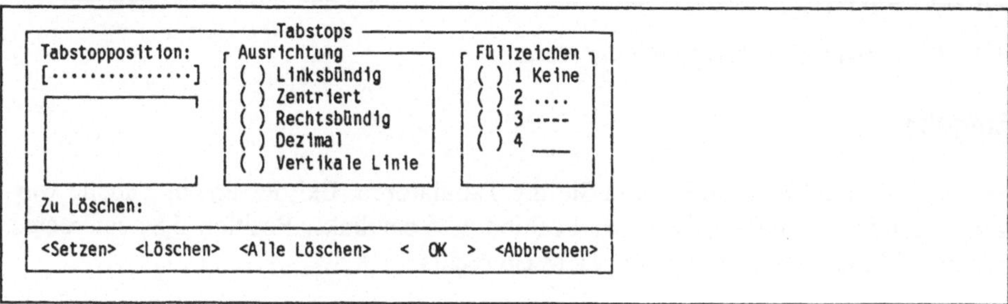

*Abb. 30: Dialogfenster **Format - Tabstops***

Der Tabulator wird durch direkte Eingabe eines Maßes gesetzt. Dafür gibt es verschiedene Maßeinheiten, die im Hauptmenüpunkt ***Extras*** im Dialogfenster **Einstellungen** unter der Option **Maßeinheiten** einstellbar sind (Zoll, cm, 10er-Teilung, 12er-Teilung, Punkt). Die gewünschte Ausrichtung wird durch Anklicken eingestellt.

Die Option **Füllzeichen** bietet die Möglichkeit, den Leerraum vor dem Tabulator mit verschiedenen Zeichen auszufüllen.

Beispiele:

1.   Füllzeichen Leer   Beispiel 1
2. ....Füllzeichen Punkt..Beispiel 2
3.1 --------- Gedankenstrich -- Beispiel 3
3.2_______Unterstreichungsstrich___________________________Beispiel 4

Setzen von Tabulatoren mit der Maus

Noch einfacher können die Tabulatoren mit der Maus gesetzt werden. Durch Anklicken des Zeichens [⊥] wird das Zeilenlineal aktiviert. Die gewünschte Ausrichtung und Füllzeichen werden durch Anklicken der Symbole am linken Rand des Zeilenlineals eingestellt. Im Beispiel ist ein linksbündiger Tabulator mit dem Füllzeichen [_] aktiv. Setzen Sie den Mauscursor auf dem Zeilenlineal und betätigen Sie die linke Maustaste. Damit ist der Tabstop gesetzt. Durch Doppelklick wird ein gesetzter Tabulator wieder gelöscht.

```
═══════════════════ W55_32.TXT ═══════════════════
 L[••••••••1••••••••2••••••••3••••••••4••••••••]5••••••••6••••••••7•••=
                 Symbol für die Aktivierung des Zeilenlineals── ┴
  │
  └──Symbol für die Ausrichtung des Tabstops
  └──Füllzeichen für den Leerraum zum folgenden Tabstop
```

Abb. 31: Setzen von Tabstops mit der Maus

Aufgabe

Erfassen Sie die Texte und setzen Sie die Tabulatoren. Bei der ersten Tabelle wurden folgende Tabulatoren gesetzt: Position 1,26 cm links, Position 5,84 cm rechts, Position 7,62 cm dezimal, Position 11,18 cm rechts.

NR	BEZEICHNUNG	MENGE	EPREIS	GPREIS
123	Filzstift	12	12,58	125,89 DM
234	Füller	1	100	100,00 DM
345	Minen	100	1,2	120,00 DM
456	Hüllen	200	0,50	100,00 DM

Die nächste Tabelle erhält zwei Tabstopps: Position 5,84 cm zentriert, Position 11,18 cm rechts.

Uhrzeit	Veranstaltung	Mitwirkende
9,00	Eröffnung	Herr Hekking
11,30	Festbankett	
14,00	Fachvortrag 1 Die berufliche Rehabilitation	Herr Kemper
17.00	Fachvortrag 2 Auswirkungen des REHA-Angleichungsgesetzes	Prof.Dr. Kähne

Beim letzten Beispiel sind folgende Tabulatoren eingefügt: Position 2,53 cm links; Position 11,18 cm rechts, wobei als Füllzeichen Punkte [...] gewählt wurden.

3.	TEXTVERARBEITUNG MIT WORD..............................1
3.1	Grundlagen..............................1
3.1.1	Systemstart..............................1
3.1.2	Grundfunktionen..............................3
3.1.2.1	Cursor-Steuerung..............................3

3.3.5 Kopf- und Fußzeilen

Bei umfangreichen Dokumenten, wie zum Beispiel mehrseitigen Briefen, ist es üblich, gleichlautende Textzeilen an den Seitenanfang oder das Seitenende zu setzen.

Eine Kopfzeile/Fußzeile wird ganz zu Beginn des Textes - **also als erster Absatz eines Dokuments** - wie ein normaler Text erfaßt und mit der Taste **<eingabe>** als Absatz definiert. Kopf/-und Fußzeilen sollten deshalb besser Kopf/-Fußabsatz heißen, zumal sie auch mehr als eine Zeile lang sein können.

Der Absatz wird markiert und anschließend mit der Befehlsfolge ***Format - Kopf-/Fußzeile... <alt t,k>*** formatiert. Wie Sie dem Dialogfenster entnehmen, kann festgelegt werden, ob der Absatz als Kopf- oder Fußzeile erscheinen soll. Außerdem muß entschieden werden, ob die Kopf-/Fußzeile nur auf **geraden**, nur auf **ungeraden** oder auf **geraden und ungeraden** Seiten gedruckt wird. Ferner ist es möglich, die erste Seite auszusparen.

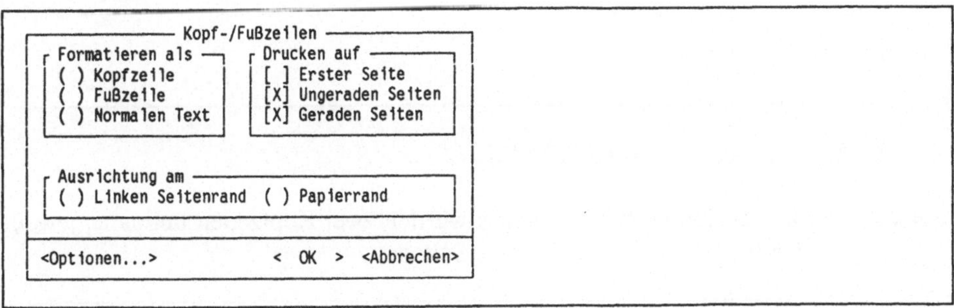

*Abb. 32: Dialogfenster **Format - Kopf-/Fusszeile...***

Beachten Sie, daß bei der Festlegung der Seitenränder ein oberer/unterer Rand gewählt wird, der oberhalb bzw. unterhalb des Randes noch den Ausdruck einer Kopf-/Fußzeile zuläßt. Ist der Rand zu gering bemessen, so wird die Kopf-/Fußzeile einfach unterdrückt. Mit der Dialogbox ***Optionen*** ist es möglich, ein weiteres Dialogfenster zur Bestimmung des Abstands der Kopf-/Fußzeile vom oberen/unteren Papierrand zu öffnen.

```
┌──────── Kopf-/Fußzeilenoptionen ────────┐
│ Abstand Kopfzeile von oben: [4 cm·······] │
│ Abstand Fußzeile von unten: [1,24 cm····] │
│                                            │
│                  < OK >  <Abbrechen>       │
└────────────────────────────────────────────┘
```

Bei der Ausrichtung der Kopf- und Fußzeilen wird man meist den linken Rand wählen. Die für den linken und rechten Rand festgelegten Maße sind nicht wirksam, wenn als Ausrichtung der Papierrand gewählt wird.

Im Textfeld sind die Kopf-/Fußzeilen durch Kennungen in der Druckformatspalte zu erkennen. Die Druckformatspalte befindet sich links neben dem eigentlichen Textbeginn.

```
Datei  Bearbeiten  Ansicht  Einfügen  Format  Extras  Makro  Fenster  Hilfe
DFV:[Standard··········]  Schrift:[Courier_R8····]  Pt:[12·]  F  I  U
═══════════════════════════ KFZ.TXT ═══════════════════════════
   L[·········1·········2·········3·········4·········5·········6·····]···7···=
 ┌───Druckformatspalte mit Kennungen der Kopf-/Fußzeilenformatierung
 │ ┌──Symbol für Kopf-/Fußzeilen
 │ │ ┌──Beschreibung der eingestellten Optionen
 │ │ │
 k   ^Kopfzeile;·ungerade·und·gerade·Seiten
 ku  ^Kopfzeile;·ungerade·Seiten
 kg  ^Kopfzeile;·gerade·Seiten
 ke  ^Kopfzeile;·erste·Seite

 f   ^Fußzeile;·ungerade·und·gerade·Seiten
 fu  ^Fußzeile;·ungerade·Seiten
 fg  ^Fußzeile;·gerade·Seiten
 fe  ^Fußzeile;·erste·Seite
```

Abb. 33: Kennung der KOPF-/FUSSZEILEN

Beispiel: Für den Druck dieses Buches wurden zwei Kopfzeilen definiert, jeweils eine für gerade und undgerade Seiten:

```
kg ^(Seite)      3 Textverarbeitungsprogramm WORD 5.5¶
ku ^3.3  Formatierungen                       (Seite)¶
```

3.3.6 Rahmen

Es ist sehr einfach, mit WORD 5.5 Absätze zu umrahmen und mit einer Hintergrundschattierung (Raster) zu versehen. Dazu muß der zu formatierende Absatz vorher markiert sein. Nach Eingabe der Befehlsfolge ***Format - Umrandung*** **<*alt t,u*>** erhalten Sie das folgende Dialogfenster:

```
──────────────── Absatzumrandung ────────────────
┌ Umrandung ──────────┐   ┌ Linienart ──────────┐
│ ( ) Keine           │   │ ( ) Normal          │
│ ( ) Um jeden Absatz │   │ ( ) Fett            │
│ ( ) Randlinien:     │   │ ( ) Doppelt         │
│   [ ] Oben [ ] Unten│   │ ( ) Dick            │
│   [ ] Links [ ] Rechts│ │ Farbe: [Schwarz····]│
┌ Hintergrundschattierung ─────────────────────┐
│ Prozent: [0··········]   Farbe: [Schwarz····]│

                    <  OK  >  <Abbrechen>
```

Abb. 34: Dialogfenster Format Umrandung

Die Rahmenformatierung wird zum festen Bestandteil der Absatzformatierung und kann nur vollständig mit der Befehlsfolge ***Format - Umrandung - Keine*** wieder entfernt werden.

Sie können bei der Gestaltung des Rahmens zwischen verschiedenen Linienarten wählen. Die Breite des Rahmens wird durch das Absatzformat bestimmt, d.h. durch die festgelegten linken und rechten Einzüge. Sind keine Einzüge vereinbart, so wird der Rahmen vom linken bis zum rechten Rand gezogen.

Beispiele

Rahmen Linienart Normal ohne rechten Absatzeinzug

Rahmen Linienart Fett; Rechter Absatzeinzug 2 cm

Rahmen Linienart Doppelt; Linker Absatzeinzug 1 cm, Rechter Absatzeinzug 1 cm

Rahmen Linienart stark Linker Einzug 3 cm

Sollen mehrere Absätze umrahmt werden, so wird um jeden einzelnen Absatz ein Rahmen gezogen. Folgen zwei Absätze mit gleichen Formatierungsmerkmalen unmittelbar aufeinander, wird zwischen den Absätzen eine einfache Zwischenlinie gezogen.

Hinweis: Sollen mehrere Absätze in einem Rahmen ohne Zwischenlinien zusammengefaßt werden, so ist es empfehlenswert, die Absatzmarke durch die Zeilenschaltung zu ersetzen. Elegant lösen Sie diese Umformatierung mit der WORD-Funktion ***Bearbeiten - Ersetzen*** ***<alt b,e>*** . Für das Beispiel werden die Steuercodes für Absatzschaltung ^a durch die Zeilenschaltung ^n ersetzt.

```
┌─────────────────────────── Ersetzen ───────────────────────────┐
│ Zu suchender Text: [^a·································]        │
│                                                                 │
│ Ersetzen durch: [^n···································]          │
│                                                                 │
│ [ ] Als separates Wort                                          │
│ [X] Einzeln bestätigen                                          │
│ [ ] Groß-/Kleinschreibung beachten                              │
├─────────────────────────────────────────────────────────────────┤
│ <Nur Formatierung ersetzen...>        < OK >  <Abbrechen>       │
└─────────────────────────────────────────────────────────────────┘
```

Neben der Möglichkeit, Absätze mit kompletten Rahmen zu versehen, können Sie auch nur ***Randlinien*** benutzen und festlegen, wo die Linie plaziert werden soll. Auch bei der Linie können Sie zwischen **normal, fett, doppelt** und **stark** wählen.

Beispiele:

| Linie links

Linie rechts; rechter Absatzeinzug 3 cm |

Linie oben; linker Absatzeinzug 2 cm

Linie oben; Linienart doppelt

Linie unten; linker und rechter Absatzeinzug 1 cm

Linie unten; Linienart stark

Linie unten und oben; linker und rechter Einzug 1,2 cm

Linie links und oben

Bei der Hintergrundschattierung können Sie zwischen folgenden Schattierungsstärken wählen: 10% (Leicht) 40% (Mittel) 70% (Dunkel) 100% (Geschlossen). Stärkere Schattierungen verschlechtern allerdings die Lesbarkeit. In den folgenden Beispielen ist bereits bei der mittleren Schattierung die Zeichenformatierung auf fett gesetzt worden, um die Lesbarkeit des Textes noch sicherzustellen. Es ist auch möglich, nur zu Rastern und auf die Umrahmung zu verzichten.

Rahmen einfach Hintergrundschattierung 10	**Rahmen doppelt Hintergrundschattierung 40 %**
Rahmen keiner Hintergrundschattierung 10 %	**Rahmen keiner Hintergrundschattierung 40 %**

Hinweis: Die Funktion Rahmen und Linien funktioniert nur dann einwandfrei, wenn der Drucker den IBM-Grafik-Zeichensatz voll unterstützt. Falls dies nicht voll gewährleistet ist, so besteht aber zumindest die Möglichkeit, einfache Linien und Rahmen zu ziehen. Fette und starke Linien werden unterdrückt.

3.4 Textgestaltung und Textüberarbeitung

3.4.1 Wortumbruch

3.4.1.1 Automatische Trennhilfe

WORD 5.5 verfügt wie fast alle Textverarbeitungsprogramme über einen automatischen Wortumbruch. Ein Wort, das nicht vollständig auf eine Zeile paßt, wird auf die nächste Zeile geschoben. Dabei ist eine als Wortabstand eingegebene Leerstelle das Erkennungszeichen für den Umbruch.

Um bei linksbündigen Absätzen eine Zeile sinnvoll auszunutzen und ein allzugroßes Flattern zu vermeiden, wird man trotzdem Worte trennen. Beim Blocksatz kommt es durch den Randausgleich, der durch die Wortabstände ausgeglichen wird, oft zu häßlichen "Löchern" im Text. Mit der Befehlsfolge ***Extras - Trennen...*** ***<alt x,t>*** kann die Silbentrennung automatisch durchgeführt werden.

Hinweis: Da die Trennhilfe von der aktuellen Cursor-Position in Richtung Textende arbeitet, ist empfehlenswert, vor der Trennung zunächst mit **<ctrl> + <home>** an den Textanfang zu springen.

Sie sollten die Trennhilfe möglichst erst unmittelbar vor dem Druck ausführen, sonst führt durch nachträgliche Textänderungen die Trennhilfe nicht zu optimalen Ergebnissen.

Im Dialogfenster ***Trennen*** entscheiden Sie, ob die Trennhilfe automatisch ablaufen oder ob jeder Trennvorschlag bestätigt werden soll. Häufig wird man sich für die **Bestätigung** entscheiden, weil man bestimmte Worte nicht getrennt haben will, z.B. Eigennamen, oder weil einem die Trennung an der vorgeschlagenen Stelle nicht gefällt. Außerdem können Sie festlegen, ob auch Wörter, die in Großbuchstaben geschrieben wurden, getrennt werden sollen.

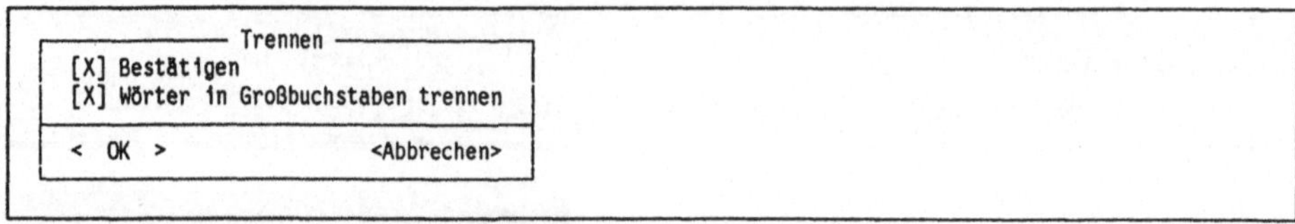

```
Trennen
[X] Bestätigen
[X] Wörter in Großbuchstaben trennen

< OK >                      <Abbrechen>
```

*Abb. 35: Dialogfenster **Extras** - **Trennen...***

Hat WORD ein Wort gefunden, das getrennt werden kann, so öffnet sich ein Dialogfenster. Wenn an der vorgeschlagenen Stelle getrennt werden soll, ist ein <J> einzugeben bzw. ein <N>, wenn das Wort überhaupt nicht getrennt werden soll. Wird die Trennung nicht an der vorgeschlagenen Stelle gewünscht, so wird die gewünschte Trennstelle mit der Pfeiltaste angezeigt und bestätigt.

```
Trennen
Wo trennen [au-to-ma-tisch................]

[X] Bestätigen
[X] Wörter in Großbuchstaben trennen

                    < Ja  > <Nein> <Abbrechen>
```

*Abb. 36: Dialogfenster Bestätigung der Trennung bei **Extras** - **Trennen...***

zugleich erhalten Sie in der Meldezeile folgenden Hinweis:

```
Trennstrich mit RICHTUNGSTASTEN verschieben, oder mit <J> bestätigen
```

3.4.1.2 Manuelle Trennung

3.4.1.2.1 Geschützter Wortzwischenraum

Mit der Tastenkombination **<umschalten> + <ctrl> + <leertaste>** erzeugen Sie einen **geschützten Wortzwischenraum**. Das System betrachtet in diesem Fall den Leerschritt als untrennbaren Bestandteil einer Wortgruppe. Die folgenden Beispiele zeigen, in welchen Fällen ein geschützter Wortzwischenraum benötigt wird.

Sie werden den Umbruch am Zeilenende nicht so gestalten: 31.
Dezember 1989.

Auch bei Eigennamen vermeidet man einen solchen Zeilenumbruch R.
Meier.
Größenangaben gehören vollständig auf eine Zeile, nicht so: 100.000,-
-DM.

3.4.1.2.2 Trennstrich

Der "gewöhnliche" Trennstrich wird vom System als fest eingegebene Trennstelle behandelt. Benutzt man den Trennstrich, so wird dieser auch dann gedruckt, wenn er durch spätere Änderung des Textes nicht mehr am Zeilenende steht. Beispiel:

> *Der Text dieses Absatzes ist bewußt so gestaltet, daß am Textende das Wort Trenn-strich steht. Das Zeichen [-] wurde als "gewöhnlicher" Trennstrich eingegeben.*

Der Absatz wird jetzt korrigiert. Das Wort "**Textende**" wurde in "**Zeilenende**" geändert. Das Wort "**Trennstrich**" wurde dadurch vollständig auf die nächste Zeile geschoben, der Trennstrich beim Wort **Trenn-strich** selbst wird aber bei dieser Form der Eingabe weiter mit gedruckt:

> *Der Text dieses Absatzes ist bewußt so gestaltet, daß am Zeilenende das Wort Trenn-strich steht. Das Zeichen [-] wurde als "gewöhnlicher" Trennstrich eingegeben.*

3.4.1.2.3 Geschützter Trennstrich

Will man vermeiden, daß eine Silbentrennung vorgenommen wird, z.B. bei Doppelnamen, so benutzt man den "**geschützten Trennstrich**". Der Doppelname Meier-Wohlfahrt wird dadurch auf jeden Fall zusammen auf einer Zeile plaziert. Der geschützte Trennstrich wird durch die Tastenkombination **<umschalten> + <ctrl> + [-] (Trennstrich)** erzeugt.

3.4.1.2.4 Vorgegebene Trennstelle

Bei langen Worten ist es manchmal empfehlenswert, eine Trennstelle vorzugeben. Die geschieht durch die Tastenkombination **<ctrl> + [-]**. Dieser Trennstrich wird nur geschrieben, wenn er bei einem erforderlichen Zeilenumbruch am Zeilenende steht. Man nennt diese Form der Eingabe deshalb auch "**weichen Bindestrich** ".

3.4.2 Zeichenumstellung mit dem "Papierkorb"

Vertauschte Zeichen "wei" statt "wie" oder "dei" statt "die" oder "132" statt "123" sind häufige Schreibfehler. Manchmal müssen Worte in der Reihenfolge umgestellt werden, z.B. wird statt der Wortfolge "zwei und eins" die Folge "eins und zwei" gewünscht. Bei der Überarbeitung von Texten sollen oft ganze Absätze umgestellt werden. Bei solchen Anforderungen werden die Vorzüge eines Textverarbeitungssystems deutlich. Solche Probleme lassen sich leicht lösen. Die zu versetzenden Zeichen oder ganze Absätze werden markiert und dann mit der Taste **<umschalten> <Entf>** in den Zwischenspeicher "**Papierkorb**" kopiert. Löscht man auf diese Weise das Wort **zwei**, so sieht die Statuszeile so aus:

```
Se3 Zel12 Sp15     (zwei)     <F1=Hilfe>               Microsoft Word
```

Anschließend wird mit dem Cursor die Stelle im Text angesteuert, an der das oder die Zeichen eingefügt werden sollen, und **<umschalten> <einf>** betätigt.

3.4.3 Ersetzen von Textstellen

Der Befehl ***Bearbeiten - Ersetzen...*** ermöglicht es, mehrfach in einem Text verwendete Wörter, die nicht einheitlich geschrieben wurden, z.B. "WORD" und "Word", auszutauschen. Das erspart mühsames Suchen im Text. Nach Aufruf der Funktion erhalten Sie folgendes Dialogfenster:

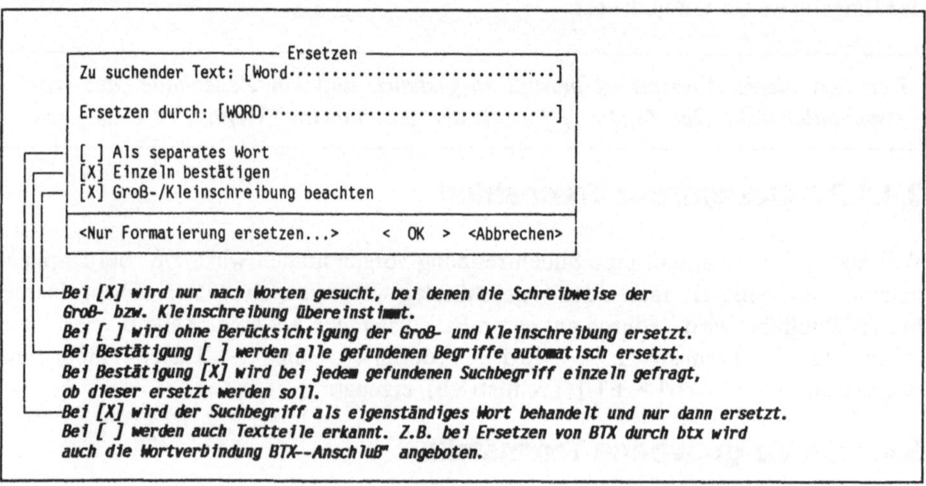

*Abb. 37: Dialogfenster **Bearbeiten - Ersetzen...***

Nach Beendigung des Suchlaufs meldet das System, wie oft der Änderungsbegriff ersetzt wurde.

Beispiele:

Der folgende Text:

word Word WORD WoRD WOrd WoRD Wordfunktionen

wurde mit verschiedenen Einstellungen mit dem Befehl ***Ersetzen...*** bearbeitet.
Beispiel 1:

```
Ersetzen
Zu suchender Text: [Word..............................]

Ersetzen durch: [WORD.................................]

[X] Als separates Wort
[X] Einzeln bestätigen
[X] Groß-/Kleinschreibung beachten
```

Ergebnis:

word WORD WORD WoRD WOrd WoRD Wordfunktionen

Beispiel 2:

```
Ersetzen
[X] Als separates Wort
[X] Einzeln bestätigen
[ ] Groß-/Kleinschreibung beachten
```

Ergebnis:

WORD WORD WORD WORD WORD WORD Wordfunktionen

Beispiel 3:

Ergebnis:

WORD WORD WORD WORD WORD WORD WORDfunktionen

Hinweis: Mit der Funktion Ersetzen können nicht nur Ziffern und Buchstaben ersetzt werden, es ist auch möglich, Sonderzeichen zu ersetzen, z.B.:

Zeichen	Bedeutung
^T	Tabstop
^A	Absatz
^N	Zeilenende
^-	Weicher Trennstrich
?	Beliebiges Zeichen

Diese Möglichkeit ist häufig sehr nützlich, um unerwünschte Sonderzeichen zu entfernen. Werden bei einem Dokument Änderungen vorgenommen, nachdem das Dokument bereits mit der Trennhilfe bearbeitet wurde, so führt eine zweite Bearbeitung mit der Trennhilfe häufig nicht zu optimalen Ergebnissen. Es ist deshalb empfehlenswert, vorher weiche Trennstriche zu entfernen.

3.4.4 Suchen im Text

Bei Überarbeitungen von Texten ist es lästig, im gesamten Text nach einem bestimmten Begriff zu suchen. Mit der Funktion ***Bearbeiten* - *Suchen...*** *<alt b,s>* geht das viel bequemer.

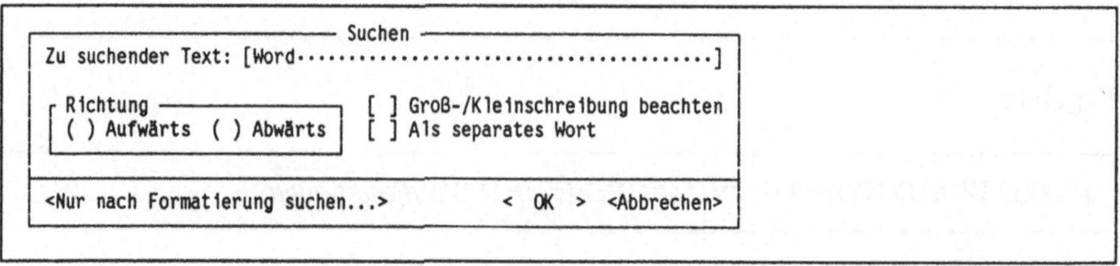

Abb. 38: Dialogfenster ***Bearbeiten* - *Suchen ...***

Die Systematik bezüglich Groß/-Kleinschreibung und Einzelwort entspricht der Funktion ***Ersetzen...***. Durch Betätigung der Tastenkombination **<umschalten> + <F4>** wird ein Befehl wiederholt. Es wird im Text nach dem Suchbegriff weiter gesucht, wobei Sie im Dialogfenster bestimmen können, ob von der aktuellen Cursor-Position aufwärts oder abwärts gesucht werden soll.

Es ist auch möglich, im Text "Lesezeichen" durch Setzen von Textmarken unterzubringen. Zu solchen Markierungen kann man sofort springen. An der gewünschten Position im Text wird die Befehlsfolge ***Einfügen* - *Textmarke...*** *<alt e,t>* eingegeben. Im Dialogfenster wird dann der Name der Textmarke eingegeben. Bereits verwendete Textmarken des Dokuments werden im Dialogfenster angezeigt. Im Beispiel wird an der aktuellen Cursor-Position die Textmarke **abb4** eingefügt.

```
┌──────────── Textmarke einfügen ────────────┐
│ Name der Textmarke:                        │
│ [abb4............................]         │
│                                            │
│ Textmarken:                                │
│ ┌────────────────────────────────────────┐ │
│ │ abb3                                   │ │
│ │ pause                                  │ │
│ │ tabl                                   │ │
│ │                                        │ │
│ └────────────────────────────────────────┘ │
├────────────────────────────────────────────┤
│ <Löschen>      < OK >    <Abbrechen>       │
└────────────────────────────────────────────┘
```

Abb. 39: Dialogfenster ***Einfügen - Textmarke...***

Mit dem Befehl ***Bearbeiten - Gehezu*** ***<alt b,g>*** - oder vereinfacht der Taste **<F5>** - kann dann direkt die gewünschte Textmarke ausgesteuert werden.

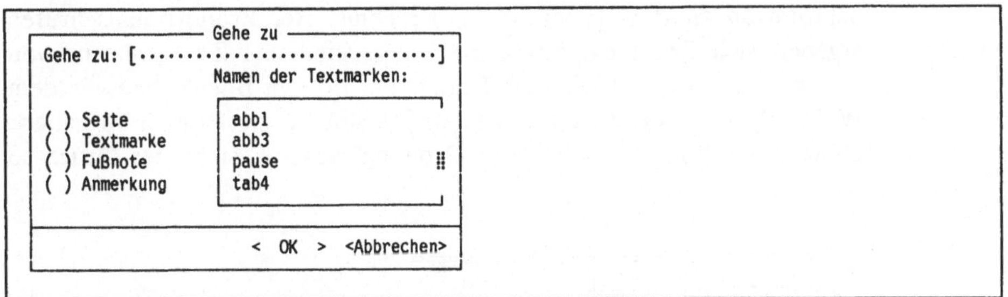

Abb. 40: Dialogfenster ***Bearbeiten - Gehezu...***

3.4.5 Zusammenführen mehrerer Dateien

Mehrere Dateien werden mit der Befehlsfolge ***Einfügen - Datei...*** ***<alt e,d>*** in einem Dokument vereint. Nach Eingabe des Dateinamen wird das Dokument an der aktuellen Cursor-Position eingefügt. Will man nur einzelne Teile eines Dokuments übernehmen, so empfiehlt es sich, mit ***Datei - Öffnen...*** ein Fenster einzurichten, dort das gewünschte Dokument zu laden und über den Zwischenspeicher Papierkorb die gewünschten Textpassagen in das Dokument zu transportieren.

3.4.6 Linienzeichnen

Problemlos können Sie mit WORD 5.5 horizontale und vertikale Linien zeichnen. Die Funktion wird mit der Befehlsfolge ***Extras - Linien zeichnen*** ***<alt x,l>*** aktiviert. In der Statuszeile erscheint dann der Zustandscode **LZ** LinienZeichnen. Mit den Pfeiltasten können Sie dann in 4 Richtungen zeichnen.

Im Dialogfenster ***Extras*** - ***Einstellungen...*** werden - wie bekannt - alle Grundeinstellungen vorgenommen. Dort können Sie im Befehlsfeld ***Linienzeichen:*** zwischen den folgenden Zeichenarten wählen:

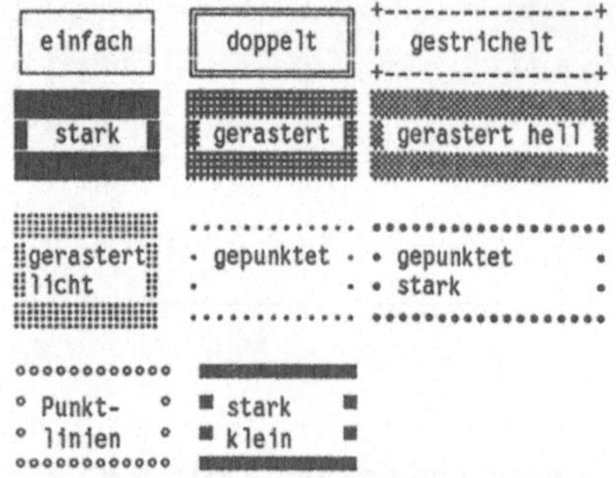

Hinweis: Die Funktion Linienzeichnen führt nur bei nichtproportionalen Schriftarten zu dem gewünschten Ergebnis. Bei Proportionalschriften ergeben sich Probleme durch die unterschiedliche Zeichenbreite von schmalen Buchstaben wie dem I oder sehr breiten Buchstaben wie dem W. In folgenden Beispielen wurde als Schriftart TimesRoman formatiert. Obwohl am Bildschirm "alles in Ordnung" scheint, sieht der Druck so aus:

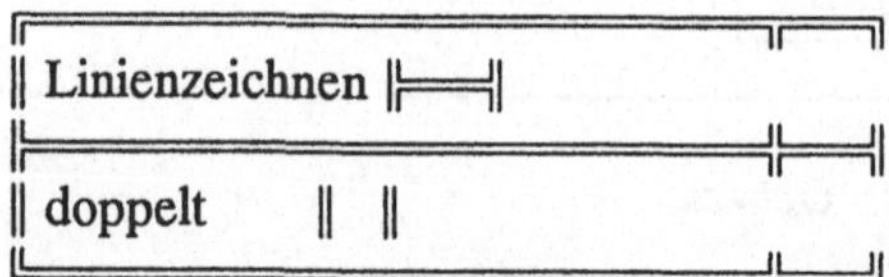

Die Funktion Linienzeichnen ist deshalb nur für nicht-proportionale Schriften geeignet. Die folgenden Beispiele wurden mit Prestige-Elite_IBM Schriftgrad 10 formatiert:

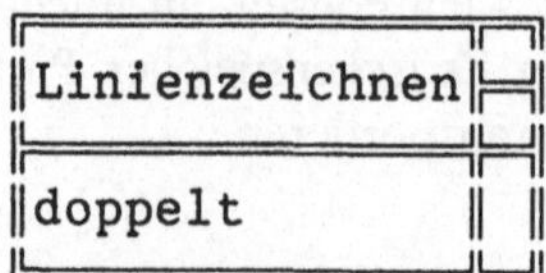

Auch dieses Ergebnis befriedigt noch nicht ganz. Dadurch daß eine Schrift mit dem Schriftgrad 10 gewählt wurde, sind die vertikalen Linien unterbrochen. Das ist allerdings leicht dadurch zu beheben, daß bei der Absatzformatierung den Zeilenabstand z.B. auf 0,7 gesetzt wird:

Linienzeichnen
doppelt

Sie haben bei der Funktion Linienzeichnen die Wahl: Entweder zuerst die Umrahmung zeichnen und später den Text eintragen, oder zuerst den Text erfassen und später die Umrahmung einfügen. Wurde zuerst die Umrahmung gezeichnet, sollte vor der Texterfassung mit <F5> in den Überschreibemodus gewechselt werden.

Haben Sie zuerst den Text erfaßt und wollen später umrahmen, so muß zu Beginn jeder Zeile ein Leerzeichen stehen, da ansonsten das erste Zeichen durch die zu zeichnende Linie überschrieben wird.

Mit der Funktion Linienzeichnen werden im Text ASCII- Zeichen eingefügt, die formatiert und auch einzeln gelöscht oder wieder eingefügt werden können.

Hinweis: Beim Linienzeichnen wird eine Standardzeichen mit dem Schriftgrad 12 eingefügt, das eine feste Zeichenbreite von 2,54 mm aufweist. Wird nun ein Text umrahmt, der bereits mit einer kleineren Schrift formatiert ist, so versagt WORD den Dienst, wenn die Zeile des zu umrahmenden Textes zu lang ist. In diesem Fall hilft folgender Trick: Verbreitern Sie kurzfristig den Bereich, z.B. auf 40 cm. Sie haben dann eine genügende Zeilenbreite, um die unterschiedlichen Zeichenbreiten zu überbrücken. Ist die Umrahmung erfolgt, formatieren Sie den gesamten Text, einschließlich der Umrahmung auf das gewünschte Zeichenformat und setzen anschließend die Breite wieder auf das ursprüngliche Maß zurück.

3.4.7 Sortieren

Es kommt häufig vor, daß für ein bestimmtes Dokument z.B. ein Verteiler vorgesehen ist. Kümmern Sie sich nicht um die alphabetische Erfassung, sondern geben Sie die Namen, so wie Sie ihnen gerade einfallen, ein, z.B.:

Verteiler:

Herr Schönek
Frau Edelmann-Ewald
Herr Nägele
Frau Bäckström
Herr Hartig
Herr Franz
Herr Hepp

Markieren Sie anschließend die Namen. Dazu positionieren Sie den Cursor auf das erste Zeichen des ersten Namens, also auf das H von **H**err Schönek. Betätigen Sie anschließend die Taste <F8> für Erweiterung. In der Statuszeile erscheint dann **ER** für **ER**weiterung. Betätigen Sie die Richtungstasten, bis alle Namen markiert sind. Die Befehlsfolge ***Extras - Sortieren... <alt x,o>*** bewirkt, daß folgendes Dialogfenster geöffnet wird:

```
┌──────────── Sortieren ───────────────────┐
│┌ Sortierreihenfolge ───────────────────┐│
││ ( ) Aufsteigend        ( ) Absteigend ││
│└───────────────────────────────────────┘│
│┌ Sortierart ───────────────────────────┐│
││ ( ) Alphanumerisch   ( ) Numerisch    ││
│└───────────────────────────────────────┘│
│   [ ] Nur Spalte sortieren              │
│   [ ] Groß-/Kleinschreibung beachten    │
├─────────────────────────────────────────┤
│              < OK >  <Abbrechen>        │
└─────────────────────────────────────────┘
```

*Abb. 41: Dialogfenster **Extras - Sortieren...***

WORD 5.5 sortiert den markierten Textteil, wobei Sie Sortierreihenfolge und Sortierart bestimmen können. Bei der Einstellung gemäß Abb. 41 führt dies zu folgendem Ergebnis:

Verteiler:

Frau Bäckström
Frau Edelmann-Ewald
Herr Franz
Herr Hartig
Herr Hepp
Herr Nägele
Herr Schönek

3.4.8 Rechtschreibprüfung

WORD 5.5 verfügt über eine Rechtschreibprüfung, die lästige Arbeit abnimmt. "Buchstabendreher" wie **dei** statt **die** werden sicher gefunden. Die Rechtsschreibprüfung erspart aber nicht das Korrekturlesen! Der folgende Text

Der Orden wieder den tierischen Ernst wurde wider in Aachen verliehen

wird nämlich akzeptiert, obwohl falsch geschrieben, richtig müßte er heißen:

Der Orden wider den tierischen Ernst wurde wieder Aachen verliehen

Der folgende Text wurde mit der Rechtschreibprüfung geprüft.

> *Aber WORD kennt das Wort **wieder** ebenso wie das Wort **wider**. Jedes Wort für sich wurde korekt geschrieben.*

Wie die Abbildung zeigt, hat die Rechtschreibprüfung nur das falsch geschriebene Wort **korekt** als Fehler erkannt.

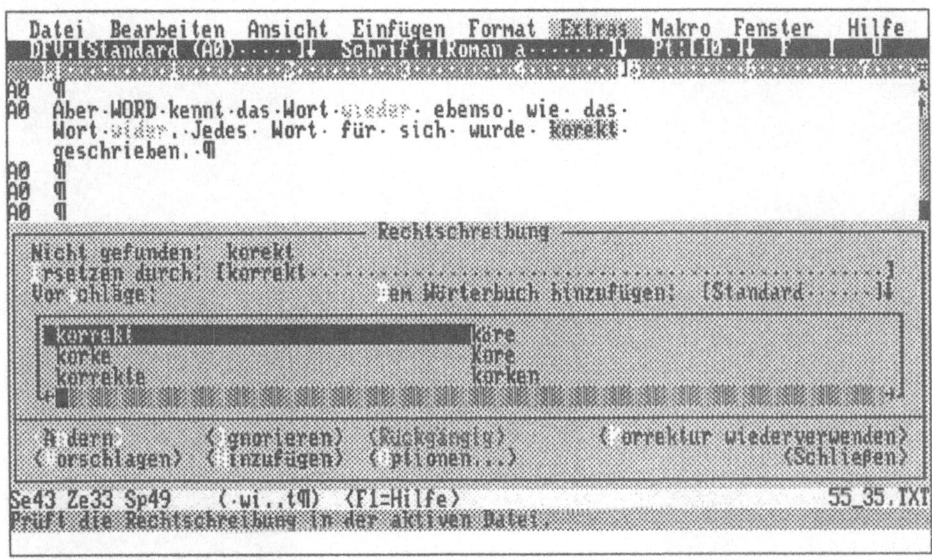

Abb. 42: Rechtschreibprüfung

3.4.9 Layoutkontrolle

Nachdem ein Text erfaßt und formatiert ist, sieht der Ausdruck oft trotzdem nicht so aus, wie Sie sich das vorgestellt haben. Da wurde eine Formatierung vergessen, die Einzüge oder Tabulatoren nicht richtig gesetzt, oder eine Zeichenformatierung wirkt nicht wie gewünscht. Die bisher übliche Verfahrensweise war, die Formatierungen zu kontrollieren, zu ändern und dann erneut auszudrucken. War das Ergebnis dann immer noch nicht befriedigend, wiederholte sich diese Prozedur.

WORD 5.5 bietet die Möglichkeit, sich die Druckseiten vor dem Ausdruck am Bildschirm anzusehen (**Preview**), um das Layout der Seite zu kontrollieren. Diese Funktion erspart in den meisten Fällen den papierfressenden und zeitaufwendigen Korrekturausdruck.

Voraussetzung dafür ist jedoch, daß der Rechner über eine Grafikkarte (Hercules, VGA, EGA, oder CGA) verfügt, also grafikfähig ist. Das wird aber bei neueren Rechnern in der Regel der Fall sein. Ist diese Voraussetzung erfüllt, kann die

Layoutkontrolle einfach mit folgender Befehlsfolge **Datei - Seitenansicht <alt d,t>** durchgeführt werden oder vereinfacht mit der Tastenkombination **<ctrl> <F9>**.

Die folgende Abbildung zeigt eine so durchgeführte Layoutkontrolle, wobei bei diesem Dokument eine Lotus1-2-3 Grafik in einen Word-Text eingebunden ist.

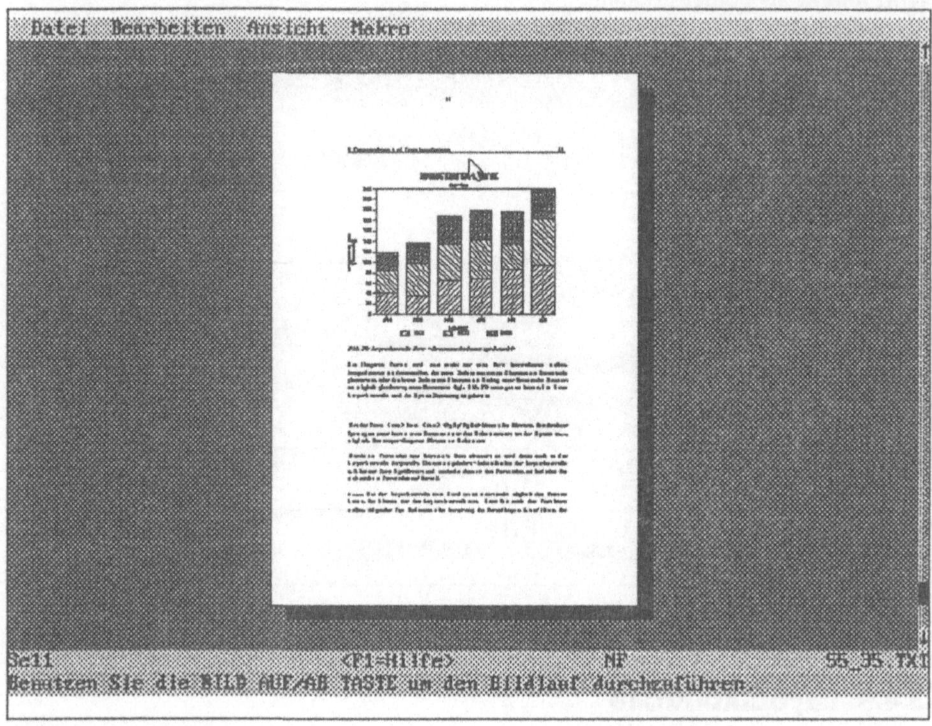

Abb. 43: Layoutkontrolle Datei - Seitenansicht (einseitige Ansicht)

Um festzustellen, ob die erste Zeile eines neuen Absatzes am Seitenende plaziert ist, oder die letzte Zeile eines Absatzes am Anfang einer Seite steht, wird man nicht nur eine Seite kontrollieren wollen. Deshalb ist es möglich sich gleichzeitig **zwei Ganzseiten** anzeigen zu lassen. Bei der Layoutkontrolle wird unter der Option **Ansicht** angeboten, **1-seitig, 2-seitig** und **Gegenüberliegende Seiten** zu kontrollieren.

Hinweis: Bei der Layoutkontrolle von Word ist es meist nicht möglich, den Text zu lesen. Sie können nur das Layout kontrollieren. Wenn Sie auch den Text lesen wollen, folgender Tip: Reduzieren Sie kurzfristig die Seitenlänge z.B. auf 10 cm. Sie können dann die Texte auch lesen. Vergessen Sie aber nicht, vor dem Ausdruck wieder auf die richtige Papierlänge zurückzusetzen!

3.5 Druckformatvorlagen

Bisher wurden alle Zeichen, Absätze und Bereiche **direkt** über das Menü oder Tastenkombinationen formatiert. Um gleichartige Formatierungen nicht immer wieder erneut eingeben zu müssen, gibt es einen einfacheren Weg - das Arbeiten mit Druckformatvorlagen, die sogenannte **Indirekte Formatierung**. Einmal festgelegte Parameter wie Schriftart, Schriftgrad, Ränder, Einzüge, Absatzausrichtungen, Tabulatoren usw. können damit dauerhaft gespeichert und mit einem festgelegten Tastenschlüssel beliebig aufgerufen werden. Wer die Möglichkeiten des Arbeitens mit Druckformatvorlagen kennengelernt hat, wird weitgehend auf die direkte Formatierung verzichten. **Umformatierungen** von Dokumenten sind mit indirekter Formatierung ungleich **schneller und zuverlässiger** auszuführen.

Hinweise: WORD hat eine festgelegte Vorgehensweise. **Direkte (harte) Formatierungen haben Vorrang vor indirekten (weichen) Formatierungen.** Alles, was über Menü oder Tastenschlüssel direkt formatiert wurde, bleibt erhalten, selbst wenn Zeichen mit einer Druckformatvorlage bearbeitet wurden. Deshalb ist es in solchen Fällen erforderlich, zunächst mit **<ctrl> <leertaste>** die Zeichen bzw. mit **<ctrl> <x>** die Absätze wieder in das Standardformat zu setzen.

3.5.1 Festhalten vorhandener Formatierungen

Die folgenden Absätze haben eine interessante, aber recht aufwendige Formatierung, die über die Befehle ***Format - Zeichen..., Tabstops..*** und ***Absatz...*** entsprechend den folgenden Dialogfenstern festgelegt wurde:

1. *Mit Druckformaten kann das Formatieren von Texten weitgehend automatisiert werden. Das bedeutet besonders bei längeren Dokumenten und komplizierten Formatierungen eine ganz erhebliche Erleichterung.*

2. *Der Umgang mit Druckformaten ist einfacher als es auf den ersten Blick aussieht.*

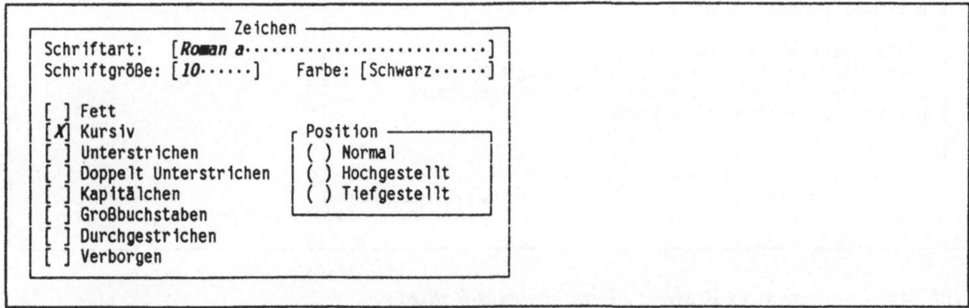

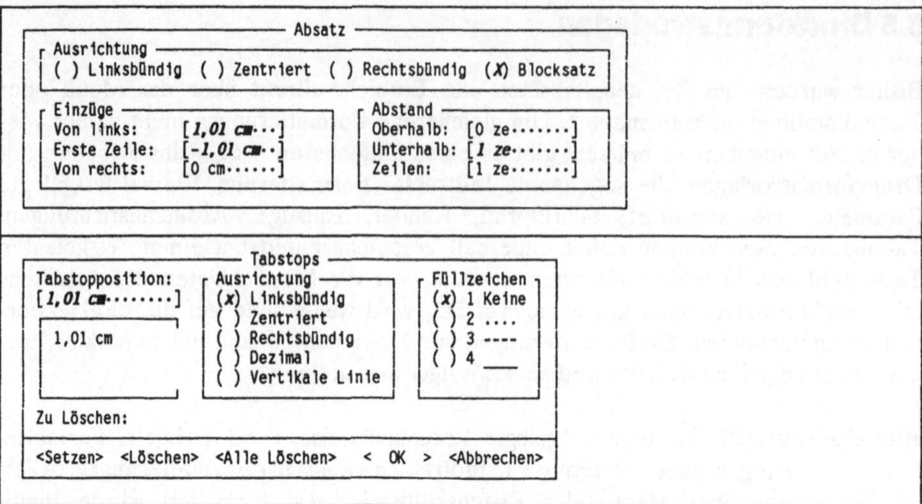

Um einen Absatz als Druckformat dauerhaft festzuhalten, ist zunächst der Absatz zu markieren. Danach erfolgt die Eingabe der Befehlsfolge ***Format - Druckformat Festhalten... <alt t,f>***.

Im Dialogfenster wird zunächst die Eingabe eines **Tastenschlüssels** verlangt, der maximal zwei Zeichen umfassen darf. Für das Beispiel wurde **A1** gewählt. Bei der Art des Druckformats wird festgelegt, ob es sich um ein **Absatz**, **Zeichen** oder **Abschnittsformat** handelt. Im Beispiel handelt es sich um die erste Absatzformatierung einer Druckformatvorlage. WORD schlägt deshalb die Druckformatkennung **Absatz 1** vor. Bei Bemerkungen können Sie einen freien Kommentar vergeben. Zur Erleichterung der Zuordnung sollte dieser einige Hinweise zum Druckformat geben. Alle bei der Formatierung der Beispielabsätze vorgenommenen Formatierungen (Zeichen-, Absatz- und Tapstopformatierungen) übernimmt WORD 5.5 selbständig in das Druckformat.

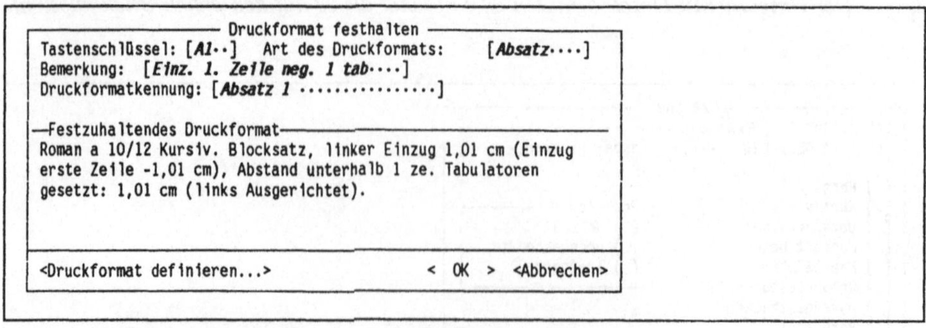

*Abb. 44: Dialogfenster **Format - Druckformat festhalten...***

Druckformatvorlagen werden in eigenständige Dateien mit der Erweiterung **.DFV** geschrieben. Sie haben die ganze Zeit, ohne es zu wissen, bereits mit einer Druckformatvorlage gearbeitet, nämlich der STANDARD.DFV. Diese benutzt WORD automatisch. Diese Grundeinstellung wird beim Installieren von WORD angelegt.

Die direkte Bearbeitung von Druckformatvorlagen verbirgt sich hinter dem Befehl ***Format - Druckformat definieren... <alt t,d>***. Wurden alle Formatierungen und die Schritte für das Festhalten des Druckformats A1 durchgeführt, so erhalten Sie folgendes Bild:

```
Datei  Bearbeiten  Ansicht  Einfügen  Format  Extras  Makro  Fenster   Hilfe
DFV:[··················]  Schrift:[··············]  Pt:[···]   F?? I?? U??
■════════════════════════ STANDARD.DFV ═══════════════════════════════
| L[•••••••••1•••••••••2•••••••••3•••••••••4•••••••••5•••••••••6•••••]•••7•••••=
|  (A) A1 Absatz 1                                Einz. 1. Z. neg. 1 Tab       ⊥
|          Roman a 10/12 Kursiv. Blocksatz, linker Einzug 1,01 cm (Einzug      ↑
|          erste Zeile -1,01 cm), Abstand unterhalb 1 ze. Tabulatoren
|          gesetzt: 1,01 cm (links Ausgerichtet).
|  ♦
```

Abb. 45: Darstellung des in die Druckformatvorlage übernommenen Druckformats

Es sind vom System automatisch alle Formatierungen, also Zeichen, Absatz, Einzüge, Tabstopps protokolliert worden. Auf der oberen Begrenzungslinie des Rahmens ist der Name der aktuellen Druckformatvorlage eingetragen: STANDARD.DFV.

Auf diese Art und Weisc lassen sich auch nachträglich gelungene oder wichtige, vor allem aber regelmäßig wiederkehrende Druckformate festhalten. Der Vorteil dieser Methode ist, daß man den Text zunächst ausdrucken kann, um damit die Zeichenformatierungen, die Tabulatoren oder die Einzüge zu kontrollieren. Erst wenn alles den Wünschen entspricht, wird das Druckformat festgehalten.

Wie gelangt man zurück in das zu bearbeitende Dokument? Dazu gibt es mehrere Möglichkeiten. Sie können

- mit der Maus im oberen Begrenzungsrahmen die Datei anklicken, in der weitergearbeitet werden soll
- die Datei STANDARD.DFV schließen. Damit gelangen Sie automatisch zurück in die aktuelle Textdatei
- im Befehl Fenster die gewünschte Datei anklicken.

In der Druckformatspalte, die sich am linken Rand direkt neben der Begrenzungslinie befindet, wird für den Absatz das Druckformat **A1** angezeigt. Voraussetzung dafür ist jedoch, daß bei der Grundeinstellung ***Extras - Einstellungen... - Bildschirmeinstellungen... <alt x,e,e>*** im Befehlsfeld ***Druckformatspalte*** mit [X] als sichtbar eingestellt wurde.

3.5.2 Direkte Definition von Druckformaten

Druckformate können auch direkt definiert werden. Nach Wahl des Befehls ***Format Druckformat definieren...*** ***<alt t,d>*** wird die aktuelle Druckformatdatei geöffnet. Nach Aufruf des Befehls ***Einfügen*** wählen Sie ***Neues Druckformat...*** .

Beispiel: Es soll ein Druckformat für Überschriften definiert werden
Tastenschlüssel: TI, Bemerkung: Titel
Art des Druckformats: Absatz, Ausrichtung: Linksbündig
Schriftart: Helvetica, Schriftgröße: 12

Im Dialogfenster wird zunächst der **Tastenschlüssel** und die **Art des Druckformats** festgelegt. Die Art des Druckformats bestimmt, ob dieses für Zeichen, einen Absatz oder den gesamten Bereich gelten soll. Bei der **Druckformatkennung** wird Ihnen automatisch die nächste freie Variante angeboten. Da die Variante 1 bereits durch A1 belegt ist, schlägt das System die Variante 2 vor. Unter der Option **Bemerkungen** tragen Sie den beschreibenden Kurzkommentar ein, im Beispiel **Titel**.

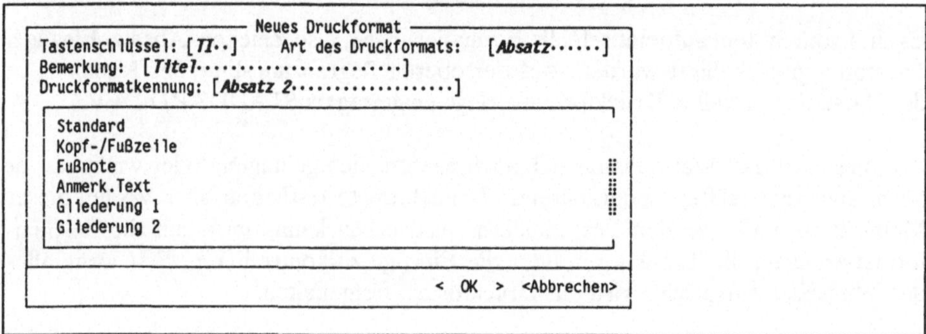
Neues Druckformat
Tastenschlüssel: [*TI*··] Art des Druckformats: [*Absatz*·····]
Bemerkung: [*Titel*························]
Druckformatkennung: [*Absatz 2*··················]

Standard
Kopf-/Fußzeile
Fußnote
Anmerk.Text
Gliederung 1
Gliederung 2

< OK > <Abbrechen>

Abb. 46: Dialogfenster Neues Druckformat

Nach <eingabe> wird das Druckformat in die Druckformatvorlage eingefügt. Nun wird das neue Druckformat mit ***Format - Zeichen...*** und ***Format Absatz...*** weiter wie oben beschrieben bearbeitet. Fertig formatiert sieht die STANDARD.DFV jetzt so aus:

```
Datei  Bearbeiten  Ansicht  Einfügen  Format  Extras  Makro  Fenster   Hilfe
DFV:[•••••••••••••••••]  Schrift:[Roman a•••••••]  Pt:[10•]  F  I  U
                          55_4.TXT
                          STANDARD.DFV
 L¦••[L•••••1•••••••••2•••••••••3•••••••••4•••••••••5•••••••••6•••••]•••7••=
 (A) A1 Absatz 1                              Einz. 1. Z. neg. 1 Tab
         Roman a 10/12 Kursiv. Blocksatz, linker Einzug 1,01 cm (Einzug
         erste Zeile -1,01 cm), Abstand unterhalb 1 ze. Tabulatoren
         gesetzt: 1,01 cm (links Ausgerichtet).
 (A) TI Absatz 2                            Titel
         Helvetica_IBM 12. Links ausgerichtet.
 ♦
```

Abb. 47: Einfügung eines neuen Druckformats

3.5.3 Standarddruckformate

Fußnotenzeichen wurden bisher direkt formatiert. Muß das sein? Wie kann man den Ausdruck der Paginierung beeinflussen? Gibt es eine Möglichkeit, nach dem Programmstart eine vom Anwender definierte Grundeinstellung der Bereiche, Schriftarten usw. festzulegen? Die Antwort auf all diese Fragen geben die Standarddruckformate, auch automatische Druckformate genannt. Im Gegensatz dazu wurden die bisher definierten beiden Druckformate von Ihnen manuell definiert, ebenso die Art des Druckformats.

Die folgende Tabelle gibt eine Übersicht über die verfügbaren automatischen Druckformate.

Art des Druckformats	Automatische Druckformate
Abschnitt	1 Standardabschnitt
Absatz	1 Standardabsatz Fußnotentexte Kopf-/Fußzeilen Gliederungsebene 1-7 Indexebene 1-4 Verzeichnisebene 1-4 Anmerkungen
Zeichen	Seitennumerierung Zeilenumerierung Fußnotenzeichen Linienzeichen Anmerkungszeichen Kurzinformation

Tabelle 4: Automatische Druckformate

3.5.3.1 Standardabschnitt

Zunächst soll ein **Standardabschnitt** mit der Befehlsfolge ***Format - Druckformat definieren...*** und anschließend dem Befehl **Einfügen** eingefügt werden. Als Tastenschlüssel wird **VL** vereinbart. Bei der Art des Druckformats wählen Sie **Abschnitt**. Als Bemerkung wird **Standardabsatz** vorgeschlagen. Wichtig ist, daß Sie bei der Druckformatkennung im Dialogfenster ***Standard-Abschn*** markieren. Die Eintragungen sollten so aussehen:

```
                      Neues Druckformat
Tastenschlüssel: [VL··]    Art des Druckformats:    [Abschnitt···]
Bemerkung:  [Standardabschnitt············]
Druckformatkennung: [Standard-Abschn.···········]

  Standard-Abschn.
  Abschnitt 1
  Abschnitt 2
  Abschnitt 3
  Abschnitt 4
  Abschnitt 5

                                          <  OK  >  <Abbrechen>
```

Abb. 48: Einfügen eines Standardabschnitts in die Druckformatvorlage

Der Standardabschnitt wird nun mit ***Format - Abschnitt...*** formatiert. Im Dialogfenster kann festgelegt werden, ob Fußnoten unten auf derselben Seite oder ganz am Ende des Dokuments ausgedruckt werden. Neben dem bisherigen Verfahren des einspaltigen Ausdrucks bietet WORD auch mehrspaltigen Ausdruck an. Darauf wird an späterer Stelle eingegangen.

```
                          Abschnitt
 Spalten                               Fußnotenposition
 Anzahl:            [1·······]          ( ) Gleiche Seite
 Spaltenabstand:    [1,25 cm··]         ( ) Abschnittsende

 Zeilennummern
 [ ] Zeilennummern hinzufügen          Neu anfangen mit
                                        ( ) Neuer Seite
 Vom Text:          [·········]         ( ) Neuem Abschnitt
 Schrittweite:      [·········]         ( ) Fortlaufend

Abschnittsbeginn: [Fortlaufend·········]

<Seitenränder...>  <Seitennummern...>  <  OK  >  <Abbrechen>
```

Abb. 49: ***Format - Abschnitt...*** *bei der Definition eines Abschnitts für eine Druckformatvorlage*

Anschließend klicken Sie die Option <*Seitenränder...*> an und tragen im Dialogfenster entsprechend der Abbildung ein:

```
Abschnitts-Seitenränder
Seitengröße
Breite:     [21 cm····]  Länge:   [29,7 cm··]

Seitenränder
Oben:       [5········]  Links:   [3,5······]
Unten:      [2········]  Rechts:  [2········]
Bundsteg:   [0 cm·····]  [ ] Seitenränder spiegeln

                         [ ] Als Vorgabe benutzen

<Abschnitt formatieren...>   < OK >  <Abbrechen>
```

Abb. 50: Festlegung der Seitenränder eines Abschnitts

Abschließend wird im Standardabschnitt festgelegt, daß die Seiten paginiert sollen. Dies geschieht durch anklicken der Option <*Seitennummern...*>. Seitennummern können oben, unten oder überhaupt nicht gedruckt werden. Bei der Festlegung der Position ist darauf zu achten, daß zwischen dem oberen/unteren Rand des Satzspiegels und dem Papieranfang/-ende ein ausreichend großer Abstand definiert wird. Für den Druck der Seitennummern gibt es verschiedene Formate, die der Abbildung zu entnehmen sind.

Die Ausrichtung kann linksbündig, zentriert, rechtsbündig oder durch Eingabe eines festen Maßes vom linken Papierrand festgelegt werden.

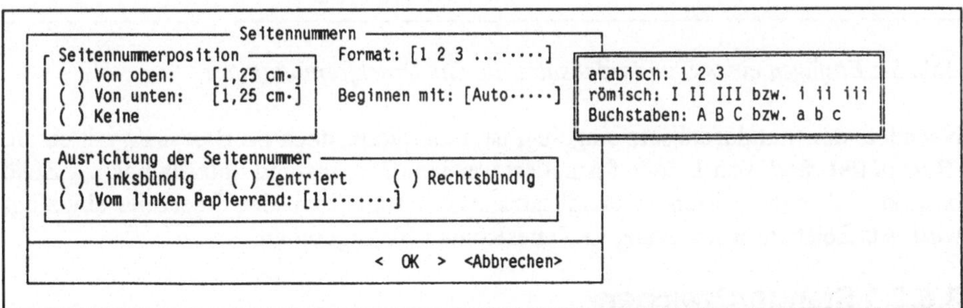

Abb. 51: Festlegung der Seitennumerierung bei der Abschnittsformatierung

3.5.3.2 Standardabsatz

Die Druckformatvorlage wird mit dem Befehl ***Einfügen*** um einen **Standardabsatz** ergänzt.

Beispiel: Definition eines Standardabsatzes
Tastenschlüssel: TX
Art des Druckformats: Absatz
Bemerkung: Standardabsatz
Absatzformatierung: Blocksatz; Endeabstand 1 Zeile
Zeichenformatierung: Schriftart TimesRoman, Schriftgrad 10

Im Dialogfenster sind deshalb die Parameter entsprechend der Abbildung einzugeben. Wichtig ist, daß im Dialogfenster **Standard** markiert wird. Diese Markierung wird vom System dann automatisch in die Druckformatkennung übernommen.

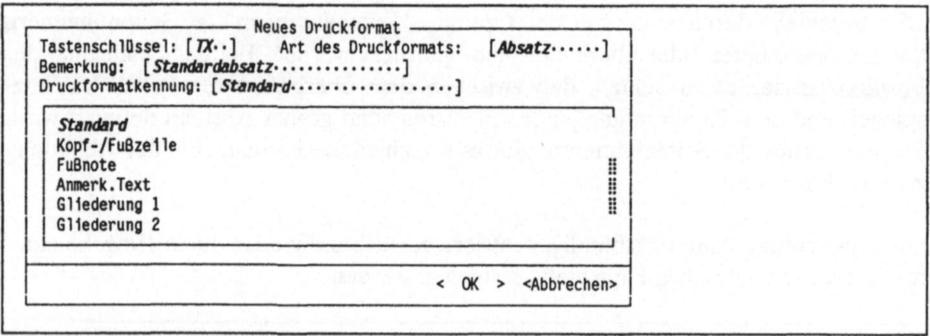

Abb. 52: Einfügen eines Standardabsatzes in eine Druckformatvorlage

Nachdem der Standardabsatz eingefügt ist, muß dieser noch als Blocksatz mit einem ***Abstand unterhalb*** von 1 Zeile formatiert werden. Der Abstand unterhalb von 1 Zeile bewirkt, daß nach Setzen einer Absatzmarke automatisch eine Leerzeile eingefügt wird. Als Zeichenformatierung ist TimesRoman 10 vorgesehen.

3.5.3.3 Standardzeichen

Als Beispiel für das Standardformat eines Zeichens soll die Darstellung der **Seitennummer** dienen. Dieses Druckformat erhält den Tastenschlüssel SN. Als Art des Druckformats wird **Zeichen** vorgesehen. Im Dialogfenster ist **Seitennummer** zu markieren.

```
              Neues Druckformat
Tastenschlüssel: [SN··]    Art des Druckformats:    [Zeichen·····]
Bemerkung:  [Seitennummer·················]
Druckformatkennung: [Seitennummer···············]

  Seitennummer
  Zeilennummer
  Fußnotenref.
  Anmerk.Zeichen
  Linien zeichen
  Datei-Info

                                     < OK >  <Abbrechen>
```

Abb. 53: Einfügung eines Standardzeichens in eine Druckformatvorlage

3.5.4 Zuweisung von Druckformaten

Die STANDARD.DFV sollte jetzt so aussehen:

```
Datei  Bearbeiten  Ansicht  Einfügen  Format  Extras  Makro  Fenster   Hilfe
DFV:[·················]  Schrift:[TimesRoman_IBM]  Pt:[10·]  F   I   U
                          STANDARD.DFV
L[•••••••••1•••••••••2•••••••••3•••••••••4•••••••••5•••••••••6]••••••••7•••••=
 (Z) SN Seitennummer                              Seitennummer
         TimesRoman_IBM 10.
 (B) VL Standard-Abschn.
         Nein Seitenwechsel. Seitenlänge 29,7 cm; Breite 21 cm. Format der
         Seitennummer Arabisch am 1,25 cm von oben, 11 cm von links.
         Seitenrand oben 5 cm; unten 2 cm; Links 3,5 cm; rechts 2 cm.
         Abstand oberste Kopfzeile zum Papierrand 1,25 cm von oben. Abstand
         Fußzeile 1,25 cm von unten. Fußnoten selbe Seite.
 (A) A1 Absatz 1                                  Einz. 1. Z. neg. 1 Tab
         Roman a 10/12 Kursiv. Blocksatz, linker Einzug 1,01 cm (Einzug
         erste Zeile -1,01 cm), Abstand unterhalb 1 ze. Tabulatoren
         gesetzt: 1,01 cm (links Ausgerichtet).
 (A) TI Absatz 2                                  Titel
         Helvetica_IBM 12. Links ausgerichtet.
 (A) TX Standard                                  Standardabsatz
         TimesRoman_IBM 10/12. Blocksatz, Abstand unterhalb 1 ze.
 ♦

Sel Zel Sp10     ()          <F1=Hilfe>                    Microsoft Word
Wählen Sie eine DFV, oder drücken Sie die ALT-TASTE für Befehle.
```

Abb. 54: Aktueller Bearbeitungsstand der STANDARD.DFV

Die Datei wird nun auf dem üblichen Weg gespeichert. Es können beliebig viele Druckformatvorlagen mit unterschiedlichen Dateinamen erstellt werden.

Ein Dokument wird mit jeder beliebigen Druckformatvorlage über die Befehlsfolge ***Format - Druckformatvorlage verbinden...*** verknüpft. Es ist auch möglich, in verschiedenen Unterverzeichnissen mit jeweils einer eigenen STANDARD.DFV zu arbeiten.

Ein in einer Druckformatvorlage festgelegtes Druckformat wird der Tastenkombination **<ctrl> <umschalten>** ***<Tastenschlüssel>*** zugewiesen. Wie bei allen Formen der Formatierung ist allerdings zunächst der gewünschte Bereich (Absatz, Absätze, Zeichen) zu markieren.

Die Eingabe des Tastenschlüssels setzt voraus, daß dieser dem Anwender bekannt ist. Bei Druckformaten die seltener verwendet werden, wird dies nicht immer der Fall sein. Mit der Befehlsfolge ***Format - Druckformat zuweisen...*** ***<alt t,w>*** erhalten sie ein Dialogfenster, in dem sie das gewünschte Druckformat auswählen können. Im Beispiel ist im Fenster Druckformatkennung das Druckformat **Absatz 2 (TI)** markiert worden.

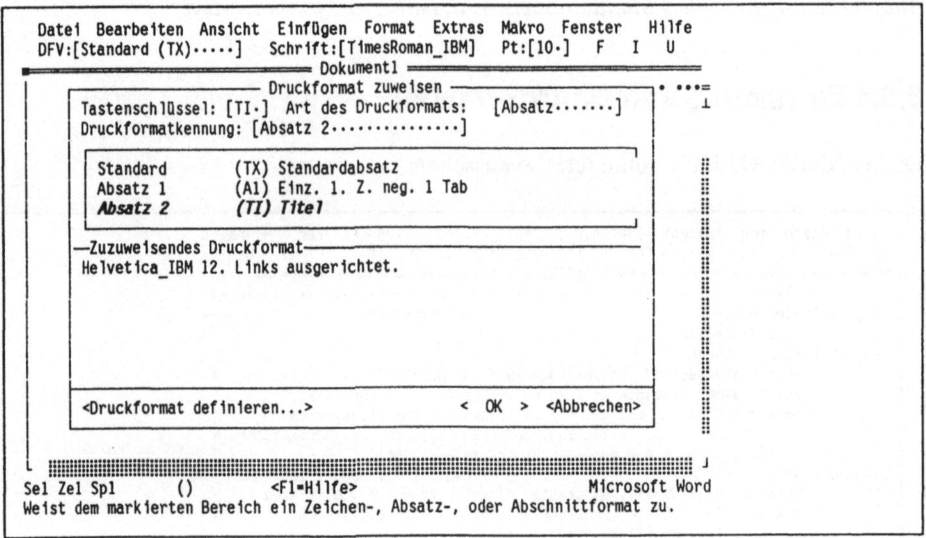

Abb. 55: Zuweisung eines Druckformats

Die zugewiesene Druckformatvorlage wird beim Speichern einer Datei mit abgelegt. Beim erneuten Bearbeiten des Dokuments verbindet WORD 5.5 das Dokument automatisch mit dieser Druckformatvorlage.

Zur Dokumentation kann die Druckformatvorlage auch gedruckt werden. Wählen Sie dazu beim Befehl ***Datei - Drucken...*** bei der Option **Drucken** Druckformatvorlage aus.

```
┌──────────────────────── Drucken ────────────────────────┐
│ Kyocera F-1200 an LPT1:                   (KYOFNEWA.DBS) │
│══════════════════════════════════════════════════════════│
│ Drucken:   [Druckformatvorlage·]  ┌ Ausgabe an ─────────┐│
│ Kopien:    ┌────────────────────┐ │ ( ) Drucker          ││
│ Papierzufüh│ Dokument           │ │ ( ) Datei: [·······] ││
│ Druckbereic│ Datei-Info         │ └─────────────────────┘│
│ Seiten:   [│ Textbausteindatei  ║··························]│
│────────────│ Druckformatvorlage ║─────────────────────────│
│ <Druckerein│ Direkter Text      n...>   < OK >  <Abbrechen>│
└────────────└────────────────────┘────────────────────────┘
```

Abb. 56: Ausdruck einer Druckformatvorlage

3.6 Arbeiten mit Textbausteinen

3.6.1 Die Standard.TBS

In Büros anfallende Texte wiederholen sich häufig ganz oder teilweise. Um die Erfassung von Texten zu rationalisieren, bietet es sich an, für solche Textabschnitte Textbausteine zu definieren. Diese können ohne Schreibaufwand an beliebiger Stelle in den Text fehlerfrei eingefügt werden. WORD stellt hierfür eigene Dateien mit der Erweiterung **.TBS** bereit. Zu Beginn jeder Arbeitssitzung wird automatisch die Datei **STANDARD.TBS** geladen. Die darin gespeicherten Textbausteine stehen mit dem Befehl ***Bearbeiten - Textbaustein...*** ***<alt b,t>*** zur Verfügung. Um einen Textbaustein auszuwählen, wird er entweder namentlich eingegeben oder aus der Liste im Fenster ausgewählt. Im Beispiel ist der Standardtextbaustein **Datum** in der Auswahlliste markiert

```
┌──────────────────────── Textbaustein ────────────────────────┐
│ Name des Textbausteins:          Wahlweiser Tastenschlüssel:  │
│ [Datum···························] [·····························]│
│ Namen:                                                        │
│ ┌────────────────────────────────────────────────────────┐   │
│ │ Datum                          Nächste_Seite            │   │
│ │ Druckdatum                     Seite                    │   │
│ │ Druckzeit                      Zeit                     │   │
│ │ Fußnote                                                 │   │
│ └────────────────────────────────────────────────────────┘   │
│ Datum:                          Textbausteindatei:  ZWI.TBS   │
│  20. November 1991                                            │
│───────────────────────────────────────────────────────────────│
│ <Definieren> <Löschen>        <Öffnen...>                     │
│ < Einfügen > <Alle löschen> <Speichern...> <Verbinden...> <Schließen>│
└───────────────────────────────────────────────────────────────┘
```

Abb. 57: Dialogfenster Bearbeiten - Textbausteine - Einfügen

Eine weitere Möglichkeit, Textbausteine in ein Dokument einzufügen, besteht darin, den Textbausteinnamen im Dokument zu schreiben und direkt anschließend die Taste **<F3>** zu betätigen. Dadurch wird Textbausteinname durch den Inhalt des Textbausteins ersetzt.

Beispiel:

Seite An der gewünschten Position wird der Text "Seite" eingegeben.
<F3> Betätigung der Taste <F3>
(Seite) Im Dokument wird der Text **Seite** durch den Textbaustein **(Seite)** ersetzt.

Die folgende Abbildungen beschreibt die Funktionsweise der Standardtextbausteine.

Textbaustein	Beschreibung	Beispiel
Datum	Fügt das aktuelle Datum ein. Das Datum wird beim Speichern als Text behandelt, d.h. ändert sich auch beim erneuten Laden der Datei nicht.	20. September 1989
Druckdatum	Fügt immer das jeweils aktuelle Datum ein, d.h. ersetzt beim Druck (Druckdatum) durch das Tagesdatum.	(Druckdatum)
Druckzeit	Fügt immer die jeweils aktuelle Uhrzeit ein. Ersetzt beim Druck (Druckzeit) durch die aktuelle Uhrzeit.	(Druckzeit)
Fußnote	Fügt an der Cursor-Position Fußnote ein.	1
Nächste_Seite	Word ersetzt beim Ausdruck diesen Textbaustein mit der Nummer der Seite, die der gerade ausgedruckten folgt.	(Nächste_Seite)
Seite	Ersetzt beim Druck (Seite) durch Seitenummer des Dokuments, sofern Einstellung FORMAT-BEREICH-PAGINIERUNG (Ja)	(Seite)
Zeit	Fügt die aktuelle Uhrzeit ein; dieses wird beim Speichern als Text behandelt, d.h. ändert sich auch bei erneutem Laden der Datei zu einem späteren Zeitpunkt nicht.	13:56

Abb. 58: Beschreibung der Standardtextbausteine

3.6.2 Aufnahme neuer Textbausteine

Soll ein neuer Textbausteine in die Textbausteindatei aufgenommen werden, muß zunächst der Text erfaßt, falls gewünscht entsprechend **formatiert** und anschließend **markiert** werden. Mit der Befehlsfolge ***Bearbeiten - Textbaustein...*** ***<alt b,t>*** öffnet sich das Dialogfenster. Hier geben Sie den Namen des Textbausteins ein und aktivieren das Befehlsfeld ***<Definieren>***.

Beispiel: Der folgende Verteiler soll unter dem Namen V1 in die Textbausteindatei aufgenommen werden.

Verteiler:
Frau Bäckström
Frau Burger
Frau Ewald-Edelmann
Herr Dr. Eming
Herr Franz

Folgende Bearbeitungsschritte sind zu vollziehen, nachdem der Text erfasst ist:

1. Markieren des gesamten Textes
2. Befehl Bearbeiten Textbaustein... <alt b,t> aufrufen
3. V1 im Befehlsfeld Name des Textbausteins eintragen
4. Option **< Definieren >** anklicken

Das Dialogfenster müßte jetzt so aussehen:

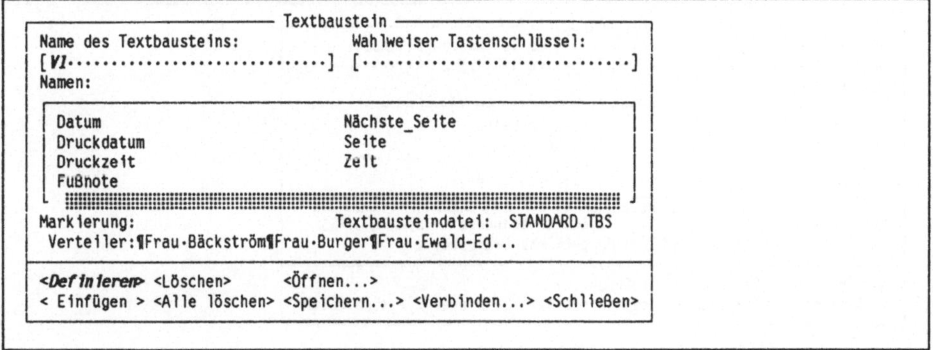

Abb. 59: Aufnahme eines neuen Textbausteins

Die dritte Möglichkeit, Textbausteine aufzurufen, ist besonders elegant. Man kann Textbausteine mit **Steuercodes** versehen und durch Aufruf des Steuercodes den Textbaustein an jeder beliebigen Stelle im Dokument einfügen. Ein Steuercode besteht aus der Tastenkombination **<strg><*Tastenschlüssel*>**. Der Tastenschlüssel kann aus einem oder zwei beliebigen Zeichen bestehen.

Der folgende Verteiler wird häufig benötigt:

Verteiler:

Frau Ahl
Frau Burger
Frau Hartig
Frau Edelmann
Herr Franz
Herr Lederle

Erfassen Sie den Text und markieren Sie ihn anschließend. Nach Aufruf der Befehlsfolge *<alt b,t>* ist zunächst der **Name des Bausteins** zu vergeben, z.B. **VERTEILER2**. Anschließend wechseln Sie in das Feld ***Wahlweiser Tastenschlüssel***. Halten Sie die Taste **<strg>** niedergedrückt und geben den zweistellige Tastenschlüssel, z.B. **V2**, ein. Nach Anklicken von **<Definieren>** ist der Textbaustein in der Textbausteindatei aufgenommen. Ein so definierter Textbaustein sieht zwar etwas seltsam aus **VERTEILER2 <strg V><strg 2>**, kann aber einfach durch **<strg> + <*Tastenschlüssel*>** an der aktuellen Cursor-Position in einen Text eingefügt werden. Ein solches Verfahren ist natürlich nur für häufig verwendete Textbausteine sinnvoll, deren Steuercodes man sich deshalb auch merken kann.

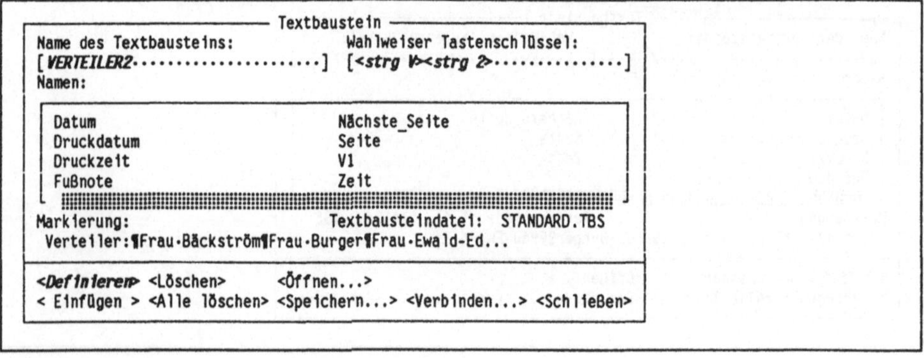

Abb. 60: Textbaustein mit Steuercode

Hinweis: Die Buchstaben W und E dürfen nicht für Steuercodes verwendet werden. Die Tastenkombination <strg><w> ist für das öffnende Chevron « reserviert, <strg><e> erzeugt das schließende Chevron ».

3.6.3 Speichern einer Textbausteindatei

Soll ein Textbaustein auch für spätere Arbeiten dauerhaft verfügbar bleiben, so muß er auf dieser Diskette oder Festplatte in einer Datei gespeichert werden. Textbausteindateien erhalten von WORD die Erweiterung **.TBS**. Dies geschieht mit der Befehlsfolge ***Bearbeiten - Textbaustein... - Speichern...*** *<alt b,t,s>*. Die Erweiterung **.TBS** muß nicht eingegeben werden, diese wird von WORD selbständig angefügt.

Sie haben die Wahl, Textbausteine in der STANDARD.TBS zu speichern oder eine eigene Textbausteindatei anzulegen. Üblicherweise wird man für mehrere verschiedenartige Anwendungen unterschiedliche Textbausteindateien anlegen. Verschiedene Textbausteindateien können über die Befehlsfolge ***Bearbeiten - Textbaustein... Verbinden...*** *<alt b,t,v>* miteinander verknüpft werden. Dabei wird zur STANDARD.TBS zum Beispiel die EIGEN.TBS zusätzlich geladen. Die Textbausteine der STANDARD.TBS stehen also in jedem Fall zur Verfügung.

Hinweis: Es ist aus Gründen der Übersicht empfehlenswert, für verschiedene Anwendungen gesonderte Textbausteindateien zu führen. Speichern Sie keine selbst definierten Textbausteine in der Standard.TBS. Vor dem Laden eine speziellen Textbausteindatei sollten in der Standard.TBS alle Textbausteine gelöscht werden, um eine unerwünschte Verknüpfungen verschiedener Textbausteindateien zu verhindern.

Zur Dokumentation können Sie eine Textbausteindatei mit der Befehlsfolge ***Datei - Drucken...*** ausdrucken, wenn Sie im Dialogfenster ***Druck: [Textbausteindatei]*** einstellen.

3.7 Standardtexte

3.7.1 Formularbearbeitung

Der Umgang mit Formularen ist Sekretariatsalltag. Die manuelle Bearbeitung mit der Schreibmaschine ist umständlich: Formular einspannen, auf das erste Feld vorschieben, ausrichten, prüfen, tippen, mit Leertasten zum nächsten Feld, vorschieben, ausrichten usw. Die Formularbearbeitung mit WORD soll am Beispiel eines Telefax-Übermittlungsformulars entwickelt werden.

An den für eine Eintragung vorgesehenen Positionen ist mit Tastenkombination **<strg> + <E>** das schließende Chevron, also das Zeichen [»] eingegeben worden. Dies ist ein Steuerzeichen, das bei Formularen und Serientexten eine besondere Bedeutung hat. Mit der Tastenkombination **<alt> + <F1>** springt der Cursor direkt zum Zeichen nach einer so markierten Stelle. Das Datum wurde mit dem Textbaustein (**Druckdatum**) im Formular eingefügt.

Die Bearbeitung des Übermittlungsformulars ist dadurch erheblich vereinfacht. Beim Ausdruck stören die schließenden Chevrons. Deshalb sollten diese Zeichen markiert und mit der Tastenkombination **<strg> + <o>** als **verborgener Text** formatiert werden. So formatierte Zeichen werden nicht gedruckt.

Aufgabe:

Erstellen Sie eine Datei gemäß deren Aufbau und Formatierung etwa dem Beispiel auf der folgenden Seite entspricht, und speichern Sie diese unter dem Namen FAX.TXT ab.

Elegant wird die Formularbearbeitung, wenn man sich einer Funktion bedient, die bei Serienbriefen von besonderer Bedeutung ist: Mit der Funktion **Abfrage** bietet WORD die Möglichkeit, Benutzereingaben abzufragen, also **Variable** zu definieren. Der Anwender wird in der Meldezeile aufgefordert, eine bestimmte Eingabe zu machen, die einer Speichervariablen zugeordnet wird. Diese Speichervariable ersetzt beim Druck die Kennung.

BÜRGERMEISTERAMT HAMBRÜCKEN
7521 Hambrücken

Telefon: 07255-5031
Telefax: 07255-4826

Bearbeitet von: »

Telefax Übermittlungsformular

Datum: (Druckdatum)
Seiten: »
(einschl Übermittlungsformular)

Fax-Nr.: »

»
»

»

Bitte sofort weiterleiten an: »

BEMERKUNGEN:

»

Mit freundlichen Grüßen

»

Abb. 61: Formular mit Kennungen

Im Beispiel soll der Anwender zunächst gefragt werden, welcher Mitarbeiter das FAX abschickt. Die Abfrage wird im Beispiel der Variablen **BEARB** (**BEARB**eiter) zugeordnet. Anschließend wird nach der Anzahl der Seiten gefragt. Es folgen die Adressdaten des Empfängers, die Eintragung eines erklärenden Kurztextes sowie die nochmalige Eintragung des Bearbeiters bei der Grußformel.

Die folgende Abbildung beschreibt die Systematik der Anweisung **Abfrage**:

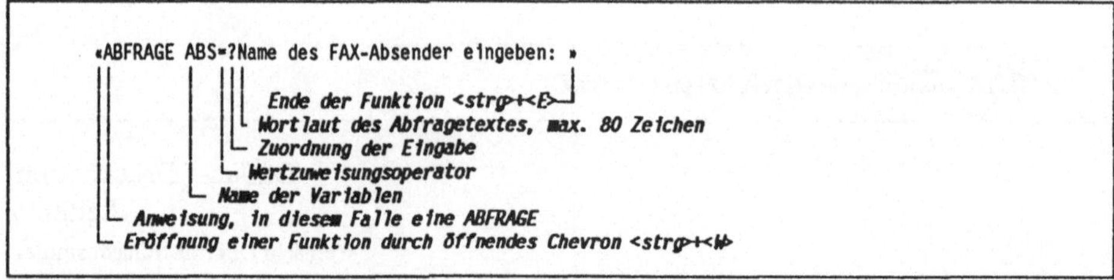

Abb. 62: Systematik der Funktion ABFRAGE

Der Datei FAX.TXT wird gleich zu Beginn des Dokuments die Abfrageroutine vorangestellt. Damit die Abfrageroutine nicht ausgedruckt wird, muß diese anschließend markiert und als verborgener Text formatiert werden. Die Kennung der Variablen im Text darf **nicht** als verborgener Text formatiert werden, sonst werden die Variablen nicht ausgedruckt.

Mit dem Befehl ***Extras - Einstellungen... - Bildschirmeinstellungen...*** kann bei der Option ***[X] Verborgener Text*** der verborgene Text am Bildschirm sichtbar gemacht **[X]** oder ausgeblendet werden **[ ]**, falls dieser als störend empfunden wird.

Nach Eingabe der Befehlsfolge ***Datei - Seriendruck... - Drucken*** ***<alt d,k,d>*** und **<eingabe>** öffnet sich ein Dialogfenster zur Eingabe der ersten Variablen entsprechend der Eintragung in der Abfrageroutine.

Aufgabe:

Ergänzen Sie die Datei FAX.TXT gemäß der Abbildung um die Abfrageanweisungen und die Kennungen im Text, und speichern Sie die überarbeitete Datei erneut unter dem Namen FAX.TXT ab.

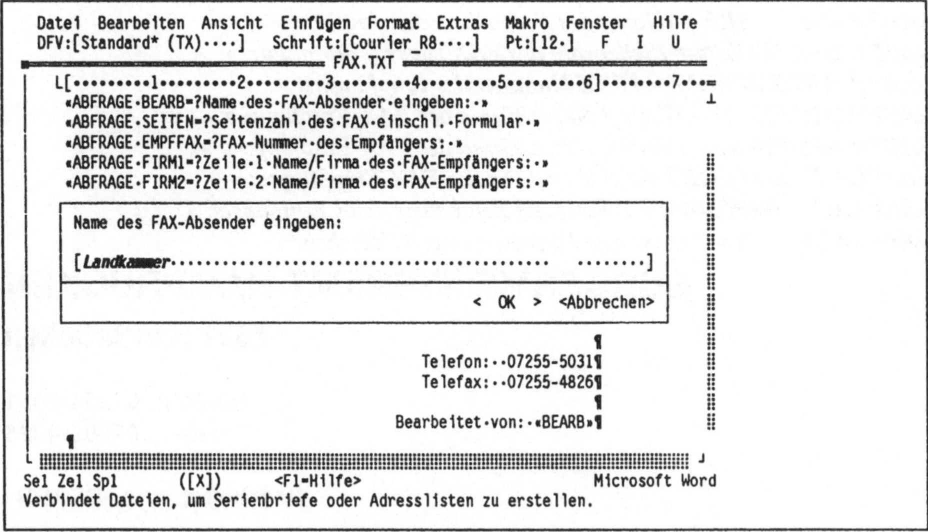

Abb. 63: Dialogfenster für die Eintragung in einem Formular

Nach vollständiger Eintragung aller Variablen wird das Formular ausgedruckt. Dabei werden die Kennungen im Text, also durch den Inhalt der zugeordneten Variablen ersetzt. Anschließend kann direkt das nächste Formular bearbeitet werden. Soll kein weiteres Formular ausgefüllt werden, so wird die Funktion mit der Taste <Esc> bzw. anklicken von <abbrechen> abgebrochen.

«ABFRAGE BEARB = ?Name des FAX-Absender eingeben: »
«ABFRAGE SEITEN = ?Seitenzahl des FAX einschl. Formular: »
«ABFRAGE EMPFFAX = ?FAX-Nummer des Empfängers: »
«ABFRAGE FIRM1 = ?Zeile 1 Name/Firma des FAX-Empfängers: »
«ABFRAGE FIRM2 = ?Zeile 2 Name/Firma des FAX-Empfängers: »
«ABFRAGE EMPFORT = ?PLZ und Ort des FAX-Empfängers: »
«ABFRAGE EMPFNAM = ?Name des Bearbeiters beim Empfänger: »
«ABFRAGE BEM = ?Eventuelle Hinweise; max 80 Zeichen: »

BÜRGERMEISTERAMT HAMBRÜCKEN

7521 Hambrücken

Telefon: 07255-5031
Telefax: 07255-4826

Bearbeitet von: «BEARB»

Telefax Übermittlungsformular

Datum: (Druckdatum)
Seiten: «SEITEN»
(einschl Übermittlungsformular)

Fax-Nr.: «EMPFFAX»

«FIRM1»
«FIRM2»

«EMPFORT»

Bitte sofort weiterleiten an: «EMPFNAM»

BEMERKUNGEN:

«BEM»

Mit freundlichen Grüßen

«BEARB»

Abb. 64: Formular mit Abfrageroutine

3.7.2 Serientexte

Serientexte sind Dokumente mit gleichbleibenden und variablen Textteilen. Für die Erstellung von Serientexten benötigt man eine **Serientextdatei**, bestehend aus den für alle Ausdrucke **konstanten Textelementen** (z.B. ein Einladungstext) und **Kennungen**. Die Kennungen teilen dem System mit, an welcher Stelle welche Textelemente eingefügt werden sollen. Eine zweite Datei, die **Steuerdatei**, enthält die variablen Textelemente, (z.B. Adressdaten). Beim Drucken werden die Kennungen der Serientextdatei durch die Feldinhalte der Steuerdatei ersetzt.

3.7.2.1 Serientextfunktion für Etikettendruck

Beispiel: Angenommen, ein Unternehmen beschäftigt 6 Vertreter, die regelmäßig in DIN-A-4-Umschlägen Post erhalten. Dafür sollen Adressetiketten gedruckt werden. Die **Steuerdatei** enthält die Vertreterdaten, die **Serientextdatei** die für alle Versionen der Serientexte gleichen Textelemente und die Kennungen. Außerdem sind in der Serientextdatei die Informationen über die Etikettengröße, Ränder und Bereichsangaben enthalten. Im Beispiel sollen folgende Kennungen angelegt werden:

KENNUNG	BESCHREIBUNG
NNAME	Nachname
VNAME	Vorname
GESCHL	Geschlecht
STR	Straße
PLZ	Postleitzahl
ORT	Ort
BEZ	Nummer des Bezirks
PUMS	geplanter Umsatz
UMS	Umsatz
NKD	Zahl der geworbenen Neukunden

Zunächst wird die Steuerdatei erstellt. Die erste Zeile der Steuerdatei ist der sogenannte **Steuersatz**. Dieser beinhaltet die **Feldnamen**. Damit wird die Bedeutung der Kennungen den folgenden Datensätzen - WORD spricht von **Einfügesätzen** - zugeordnet. **Datenfelder** werden durch ein Semikolon getrennt. Ein Datenfeld kann auch leer sein, es muß dann aber trotzdem ein Semikolon eingegeben werden.

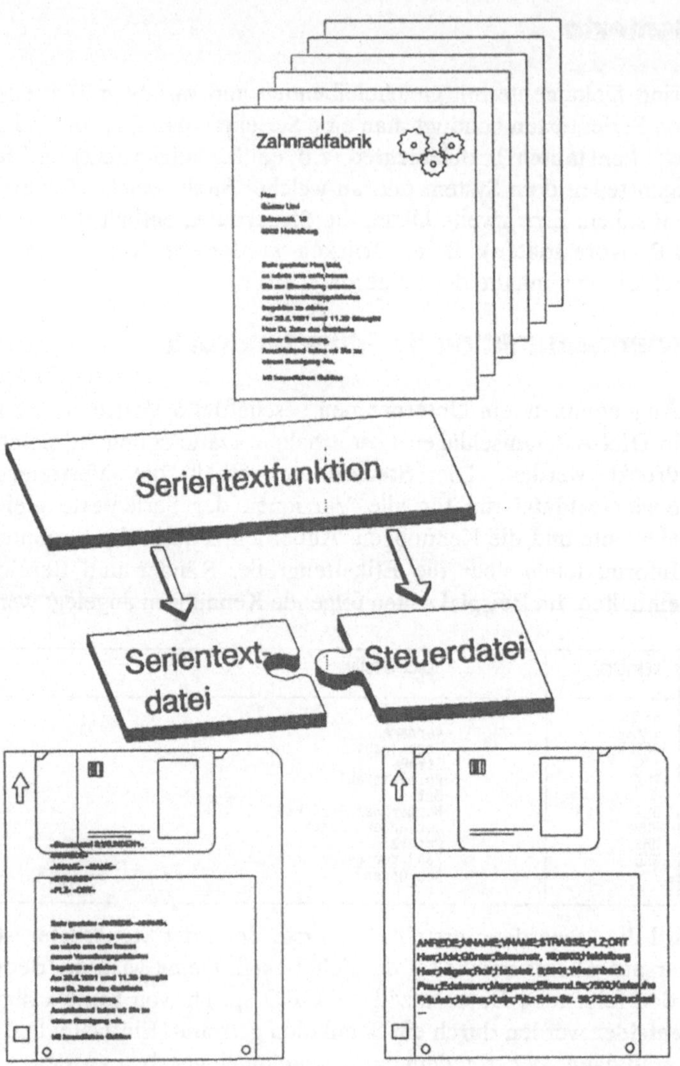

Abb. 65: Die Serientextfunktion

Beim Erfassen der Einfügesätze ist strikt darauf zu achten, daß die Reihenfolge der Datenfelder eingehalten wird; sonst kommt es zu Textsalat. Dann wird im Serientext aus dem Nachnamen zum Beispiel die Postleitzahl oder anstelle des Ortes der Umsatz ausgedruckt. Am Ende jedes Einfügesatzes ist eine Absatzmarke zu setzen. Einfügesätze sind also als Absätze definiert. Zwischen den einzelnen Einfügesätzen darf **keine Leerzeile** eingefügt werden. Die Steuerdatei sieht im Beispiel so aus:

```
NNAME;VNAME;GESCHL;STR;PLZ;ORT;BEZ;PUMS;UMS;NKD                    <- Steuersatz
Bader;Rolf;m;Auweg 4;8000;München;4;1500000;1280000;12              <- Einfügesätze
Supiran;Bernd;m;Schloßstr. 37;6900;Heidelberg;5;1000000;830000;5
Sand;Horst;m;Bergstr. 7;7000;Stuttgart;6;1100000;965000;3
Fey;Dieter;m;Alsterweg 4;2000;Hamburg;1;1400000;1355000;11
Hartig;Heiner;m;Ellmendinger Str. 5a 7500 Karlsruhe 41;2;900000;620000;5
Jäck;Karl;m;Giesestr. 3;5000;Köln;3;1200000;985000;2
```

Abb. 66: Beispiel für eine Steuerdatei

Die Steuerdatei soll unter dem Namen STD_VERT.TXT abgespeichert werden. Für den Etikettendruck auf Endlospapier gibt es mehrere Möglichkeiten. Es wurde die Form gewählt, die erfahrungsgemäß am wenigsten Probleme beim Druck aufwirft. Endlosetiketten können handelsüblich in mehreren Formaten mit ein- und mehrspaltiger Anordnung erworben werden. Das Beispiel ist auf einspaltige Etiketten im Format 3,8 x 11,2 cm abgestellt. Eine Seite enthält 8 Etiketten und ist 30,5 cm lang. Pro Etikett stehen 8 Schreibzeilen zur Verfügung. Die Zeile 9 bildet den Abstand zum nächsten Etikett.

Die **erste Zeile** einer jeden Serientextdatei enthält die **Steuerdatei-Anweisung**. Durch diese Anweisung wird die Datei mit den Informationen über die variablen Textelemente aufgerufen. Anweisungen werden durch öffnende und schließende Chevrons "«»" eingeschlossen.

«Steuerdatei *DATEINAME*» **im Beispiel:** **«Steuerdatei *STD_VERT.TXT*»**

Das folgende Beispiel zeigt die Serientextdatei. Zeile 3 enthält die Anrede "Herrn", da im Außendienst unseres Unternehmens nur Männer beschäftigt sind. Das Wort "Herrn" ist ein **konstantes Textelement**, das auf alle Etiketten gedruckt wird. Zwischen zwei Kennungen wurde die <**leertaste**> betätigt, um einen Wortabstand zu erhalten.

```
Zeile 1: | «Steuerdatei STD_VERT.TXT»
Zeile 2: |
Zeile 3: | Herrn
Zeile 4: | «VNAME» «NNAME»
Zeile 5: |
Zeile 6: | «STR»
Zeile 7: | «PLZ» «ORT»
Zeile 8: |
Zeile 9: |
```

Das **gesamte Dokument** wird mit **<umschalt> + <F10> markiert** und mit **<umschalt> <Entf>** in den Papierkorb kopiert. Betätigen Sie anschließend 9-mal die Taste **<Einfg>**, stehen insgesamt 8 Etiketten im Serientext. Mit der Funktion ***Bearbeiten - Ersetzen...*** wird **ab dem zweiten Etikett** die Eintragung **«Steuerdatei STD_VERT.TXT»** durch **«Nächster»** ersetzt. Damit erreichen Sie, daß zunächst die Steuerdatei aufgerufen, der erste Einfügesatz eingelesen und die entsprechenden Feldinhalte anstelle der Kennungen gedruckt werden. Die Anweisung «Nächster» gibt den Auftrag, den nächsten Einfügesatz zu lesen und damit das nächste Etikett zu füllen, bis alle Einfügesätze abgearbeitet sind.

```
Ersetzen
Zu suchender Text: [«Steuerdatei VERT_STD.TXT»·········]

Ersetzen durch: [«Nächster»·····························]

[ ] Als separates Wort
[X] Einzeln bestätigen
[ ] Groß-/Kleinschreibung beachten

<Nur Formatierung ersetzen...>    < OK >  <Abbrechen>
```

Mit ***Format - Abschnitt - Seitenränder <alt t,b,r>*** werden die Ränder entsprechend den Maßen der Etikettenbahn eingegeben. Speichern Sie die Serientextdatei anschließend unter dem Namen VERT_ETI.TXT ab.

```
Abschnitts-Seitenränder
 Seitengröße
 Breite:    [11,2·····]  Länge:   [30,5·····]

 Seitenränder
 Oben:      [0········]  Links:   [0········]
 Unten:     [0········]  Rechts:  [0········]
 Bundsteg:  [0 cm·····]  [X] Seitenränder spiegeln

                         [ ] Als Vorgabe benutzen

<Abschnitt formatieren...>    < OK >  <Abbrechen>
```

Nachdem der Drucker auf Endlosdruck der Etiketten vorbereitet wurde, kann der Druck durch Aufruf der Befehlsfolge ***Datei - Seriendruck... - Drucken <alt d,k,d>*** erfolgen. Es werden auf einer Etikettenbahn die 6 Datensätze der Vertreter gedruckt. Die restlichen 2 Etiketten bleiben frei.

Im Beispiel wurden nicht alle Kennungen für den Etikettendruck abgerufen. Das ist ebenso möglich wie der mehrfache Aufruf der gleichen Kennung eines Einfügesatzes. Die Reihenfolge des Aufrufs der Kennungen im Serientext ist beliebig.

3.7.2.2 Serienbriefe

Die Serientext-Funktion ermöglicht es, mehreren Empfängern Briefe fast gleichlautenden Inhalts zu schreiben. Damit die Briefe ihren individuellen Stil erhalten, ist es möglich, jeden einzelnen Brief auf den jeweiligen Empfänger, z.B. durch persönliche Anrede, zuzuschneiden. Die Vertreter aus dem Beispiel sollen eine Einladung zur diesjährigen Vertretertagung erhalten. Die Serientextdatei, die den Namen VERT_EIN.TXT erhält, sollten Sie ähnlich wie das Beispiel auf der folgenden Seite gestalten.

Bisher wurde durch die Befehlsfolge das folgende Dialogfenster

```
Seriendruck
( ) Alle
( ) Datensätze: [.......................]

<Drucken...> <Testdatei...> <Abbrechen>
```

Abb. 67: Dialogfenster Seriendruck

übergangen, da dirckt der Druckbefehl gegeben wurde. Es gibt aber die Möglichkeit in eine **Testdatei** zu "drucken".

Nach Eingabe der Befehlsfolge ***Datei - Seriendruck... - Test-Datei <alt d,k,t>*** wird aufgefordert, einen Dateinamen, z.B. **TEST1**, zu vergeben.

```
Serientext in Testdatei
Name der Testdatei:
[test1.............................]

< OK > <Abbrechen>
```

Abb. 68: Druck eines Serientextes in eine Testdatei

Damit wird eine Datei angelegt, die - wie der spätere Ausdruck - anstelle der Kennungen die Inhalte der Einfügesätze enthält. Durch Laden dieser Datei kann man ohne papierfressenden und zeitraubenden Ausdruck feststellen, ob die Serienbriefe wie gewünscht erstellt wurden oder ob noch Fehler enthalten sind. Am Ende jedes Serientextes macht WORD automatisch einen Vorschub auf die nächste Seite und liest den nächsten Einfügesatz, solange bis alle Einfügesätze abgearbeitet sind. Die Anweisung **«Nächster»** wird in diesem Fall nicht benötigt. Sie war beim Etikettendruck erforderlich, weil auf einer Druckseite mehr als ein Einfügesatz enthalten war.

Zahnradfabrik 

«Steuerdatei STD_VERT.TXT»
Herrn
«VNAME» «NNAME»

«STR»
«PLZ» «ORT»

Heidelberg, 25. August 1991

VERTRETERTAGUNG 1991

Sehr geehrter Herr «NNAME»,

zu unserer diesjährigen Tagung laden wir Sie herzlich ein. Die Veranstaltung findet am

27. + 28. Oktober 1991
PENTA-Hotel Heidelberg

statt.

Bitte reisen Sie rechtzeitig an, so daß Sie spätestens zu Tagungsbeginn um 14.00 Uhr anwesend sind. Sollten Sie früher eintreffen, haben wir haben ab 12.30 Uhr einen Tisch im Restaurant reserviert.

Wir freuen uns mit Ihnen auf zwei erfolgreiche Tage.

Mit freundlichen Grüßen
ZAHNRADFABRIK

Abb. 69: Beispiel eines Serientextes

3.7.2.3 Serienbriefe mit Bedingungen

Das Beispiel wird um Bedingungen erweitert. Die Steuerdatei enthält ein Datenfeld mit der Kennung "NKD". Hier wurde die Zahl der geworbenen Neukunden eingetragen. Alle Vertreter, die 10 oder mehr Neukunden geworben haben, sollen bei der Tagung eine Sonderprämie erhalten. Für solche Anwendungen gibt es die **Sonderanweisung AWENN/EWENN**, deren Systematik in der folgenden Abbildung dargestellt ist.

```
┌Beginn der Sonderanweisung AWENN (AnfangWENN)
│        ┌Beginn der Bedingung bestehend aus
│        │ * KENNUNG (Name des Datenfelds)
│        │ * VERGLEICHSOPERATOR =  >  <  <>  >=  <=
│        │ * ZU VERGLEICHENDE ZAHL/TEXT
│        │   (zu vergleichender Text muß zwischen Anführungszeichen stehen)
│        │             ┌Wird die Bedingung erfüllt, so wird dieser Text gedruckt.
│        │             │                         ┌Beendet die Sonderanweisung (EndeWENN)
│        │             │                         │
«AWENN Bedingung »zu druckender Text..«EWENN»

Beispiel: «AWENN NKD>9»Eine erfreuliche Nachricht: Sie haben «NKD» Neukunden
          geworben und sich damit die Sonderprämie verdient.«EWENN»
```

Abb. 70: Systematik AWENN/EWENN Bedingungen

Wird im Serientext eine solche Sonderanweisung eingefügt, so wird der Text nur gedruckt, wenn die Bedingung erfüllt ist. Die Anweisung läßt sich noch um einen Ersatztext erweitern. Wenn die Bedingung nicht zutrifft, so wird der Text nach der Anweisung **«Sonst»** gedruckt.

```
                    ┌Wird die Bedingung nicht erfüllt,
                    │verwendet WORD den Ersatztext
                    │
                    │          ┌Ersatztext
                    │          │
«AWENN Bedingung»Text«SONST»Text«EWENN»

Beispiel:  «AWENN NKD>9»Eine erfreuliche Nachricht: Sie haben «NKD»
           Neukunden geworben und sich damit die Sonderprämie verdient.
           «SONST»Sie haben «NKD» Neukunden geworben und damit das gesteckte
           Ziel von 10 Neukunden in jedem Bezirk leider verfehlt.«EWENN»
```

Abb. 71: Systematik AWENN/EWENN Bedingung mit Ersatztext

Eine analoge Bedingung wäre bei einer individuellen Anrede denkbar. In der Steuerdatei STD_VERT.TXT wurde beim Feld GESCHL bisher immer Buchstaben "m" für "männlich" eingetragen. Das Unternehmen hat einen neuen Vertreter erhalten - eine Frau. Die will natürlich nicht mit Herr angeredet werden. Erweitern Sie die Steuerdatei um einen folgenden Einfügesatz:

```
Bäckström;Mia;w;Schloßberg 37;6900;Heidelberg;4;2400000;1200000;14
```

Da es sich in diesem Fall um keinen mathematischen Vergleichsoperator handelt, muß der Buchstabe 'm' bzw. 'w' in der Sonderanweisung in Anführungszeichen "" gesetzt werden.

In allen möglichen Schreiben wird den Geschäftspartnern immer wieder mitgeteilt, wann Betriebsferien sind. Legen Sie deshalb eine kleine Datei unter dem Namen BF92.TXT angelegt. Der Text dieser Datei soll lauten:

```
PS.: Bitte berücksichtigen Sie bei Ihren Planungen, daß wir vom
     22.12.1992 - 8.1.1993 Betriebsferien haben.
```

Mit der Sonderanweisung **«einfügen *DATEINAME*»** ist es möglich, in einen Serientext andere Textdateien einzufügen. Beachten Sie, daß gegebenenfalls auch die komplette Pfadangabe eingegeben werden muß, wenn die Einfügedatei nicht im aktuellen Verzeichnis steht

```
«Einfügen C:\TEXTE\BF92.TXT»
```

Abb. 72: Sonderanweisung «EINFÜGEN»

Aufgabe

Ergänzen Sie die Datei VERT_EIN.TXT um die "geschlechtsspezifische Anrede" und die Einfügeanweisung.

Zahnradfabrik 

«Steuerdatei STD_VERT.TXT»
«AWENN GESCHL = "w"»Frau «NNAME»,«SONST»Herrn«EWENN»
«VNAME» «NNAME»
«STR»
«PLZ» «ORT»

Heidelberg, 25. August 1991

VERTRETERTAGUNG 1991

«AWENN GESCHL = "w"»Sehr geehrte Frau «NNAME»,«SONST»Sehr geehrter Herr «NNAME»,«EWENN»

zu unserer diesjährigen Tagung laden wir Sie herzlich ein. Die Veranstaltung findet am

27. + 28. Oktober 1991
PENTA-Hotel Heidelberg

statt. Bitte reisen Sie rechtzeitig an, so daß Sie spätestens zu Tagungsbeginn um 14.00 Uhr anwesend sind. Sollten Sie früher eintreffen, haben wir haben ab 12.30 Uhr einen Tisch im Restaurant reserviert.

Im Rahmen der Tagung werden auch die Sieger im Wettbewerb NEUKUNDEN-WERBUNG '91" geehrt. «AWENN NKD > 10»Eine erfreuliche Nachricht: Sie haben «NKD» Neukunden geworben und sich damit die Sonderprämie verdient.«SONST»Sie haben «NKD» Neukunden geworben und damit das gesteckte Ziel von 10 Neukunden in jedem Bezirk leider verfehlt.«EWENN»

Wir freuen uns mit Ihnen auf zwei erfolgreiche Tage.

Mit freundlichen Grüßen
ZAHNRADFABRIK
«Einfügen C:\TEXTE\BF92.TXT»

Abb. 73: Beispiel eines Serienbriefes mit Sonderanweisungen und Einfügetext

3.8 Makros

Um Zeichen oder Absätze zu formatieren, Such- oder Ersetzvorgänge durchzuführen oder Fenster einzurichten, müssen häufig mehrere Dialogboxen der Reihe nach bearbeitet werden. Um solche Aktionen schnell und zuverlässig automatisch durchzuführen, stehen in WORD dafür sogenannte MAKROS zur Verfügung.

Makros werden ähnlich wie Textbausteine bearbeitet und in einer Textbausteindatei gespeichert. WORD stellt eine Reihe vordefinierter Makros mit dem Programm in der MAKRO.TBS zur Verfügung. Die Beschreibung wie man MAKRO-Anweisungen erstellt würde den Rahmen dieser Einführung sprengen. Deshalb beschränkt sich die Darstellung auf die Erstellung von Makroanweisungen mit dem **Makrorecorder**.

3.8.1 Der Makrorecorder

Die Aufzeichnung mit dem Makrorecorder ist die einfachste Form, ein Makro zu erstellen. Der Makrorecorder zeichnet alle Tastenanschläge auf.

Beispiel: Es soll ein Makro aufgezeichnet werden, das die Datei FAX.TXT lädt und die Seriendruckfunktion ausgelöst.

Die Aufzeichnung eines Makros wird entweder mit der Befehlsfolge ***Makro - Aufzeichnen <alt m,a>*** oder durch die Tastenkombination **<strg><F3>** aktiviert.

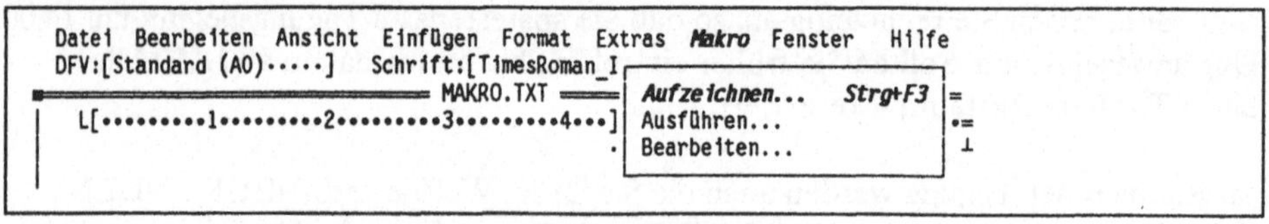

```
Datei Bearbeiten Ansicht Einfügen Format Extras Makro Fenster  Hilfe
DFV:[Standard (A0)·····]  Schrift:[TimesRoman_I┌──────────────────────────┐
═══════════════════════════════ MAKRO.TXT ═════│ Aufzeichnen...   Strg+F3 │=
 L[·········1·········2·········3·········4···]│ Ausführen...             │·=
                                              ·│ Bearbeiten...            │⊥
                                               └──────────────────────────┘
```

Abb. 74: Einschalten des Makrorecorders

In der Statuszeile wird durch **MA** (MakroAufzeichnung) angezeigt, daß der Makrorecorder eingeschaltet ist. Geben Sie nun der Reihe nach die Befehle ein, um das beschriebene Beispiel auszuführen.

<strg><F3> Einschalten des Makrorecorders

Makros werden genau wie Textbausteine gespeichert und abgerufen. Bei der Namensvergabe ist zu beachten, daß ein Makroname in der Regel aus zwei Teilen, dem Makronamen und dem Steuercode besteht.

Zunächst ist der Name des Makros zu vergeben. Er darf maximal 30 Zeichen umfassen. Im Beispiel soll der Name FAX.MAK vergeben werden.

Um ein Makro schnell aufzurufen, können Sie wie bei den Textbausteinen einen Steuercode vergeben, der aus einem oder zwei Zeichen bestehen kann. Im Beispiel wird bei der Option Tastenschlüssel die Taste <strg> niedergedrückt und die Buchstaben FX eingegeben.

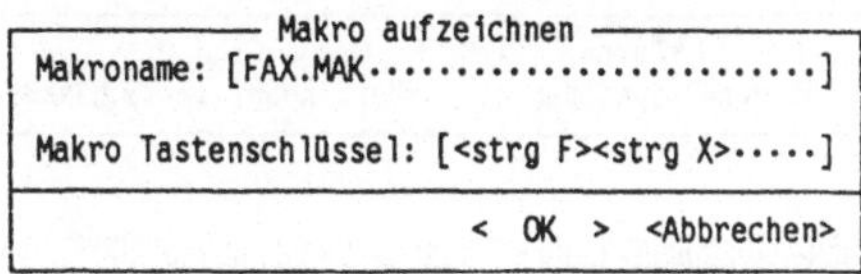

<eingabe>	Eingabetaste
<alt>	Menüaufruf
d	Befehl Datei
f	Option ÖFfnen der Dialogbox
FAX	Eingabe des Dateinamens FAX
<eingabe>	Eingabetaste zum Beenden der Befehlsfolge

Die Datei FAX.TXT wird geladen, vorausgesetzt, diese wurde im aktuellen Laufwerk gespeichert.

<alt>	Menüaufruf
k	SeriendrucK...
<eingabe>	Eingabetaste zum Abschluß des Befehls
<eingabe>	zum Aktivieren der Druckfunktion
<strg> <F3>	Beenden der Makroaufzeichnung

Das Makro wird nun in die gewünschte Textbausteindatei geschrieben. Mit der Befehlsfolge ***Makro - Bearbeiten <alt m,b>*** erhalten Sie die Dialogbox gemäß der Abbildung, wobei das gerade erstellte Makro markiert wurde.

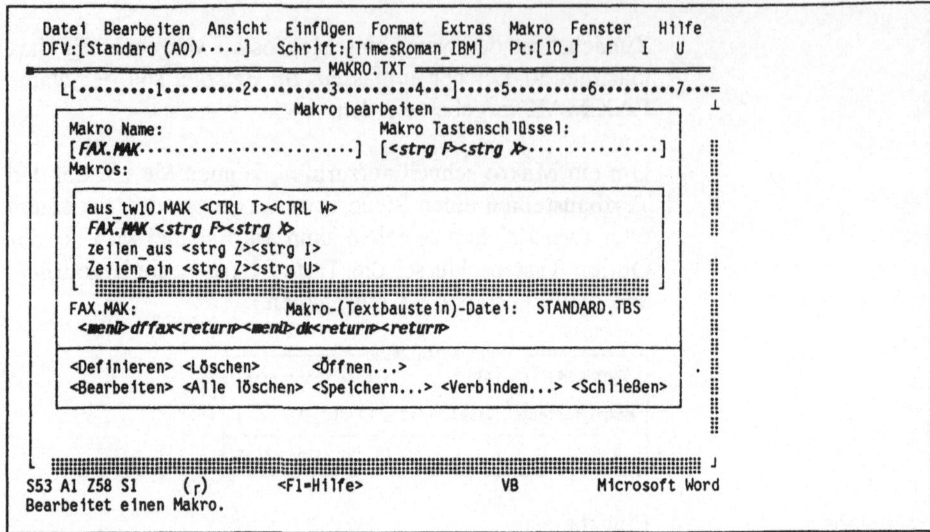

Abb. 75: Bearbeitung eines Makro

Ein Makro kann gegebenenfalls nun individuell weiter bearbeitet werden. Dazu klicken Sie auf der Schaltfläche ***Makro - Bearbeiten...*** ***<alt m,b>*** an. Das Makro wird dadurch nicht ausgeführt, sondern als Text in das Dokument geschrieben und kann bearbeitet werden. Nach erfolgter Überarbeitung kann die ursprüngliche Form überschrieben werden, wenn sie das Makro mit demselben Namen und Tastenschlüssel wie einen Textbaustein speichern. Das erstellt Makro wird in der folgenden Abbildung erläutert:

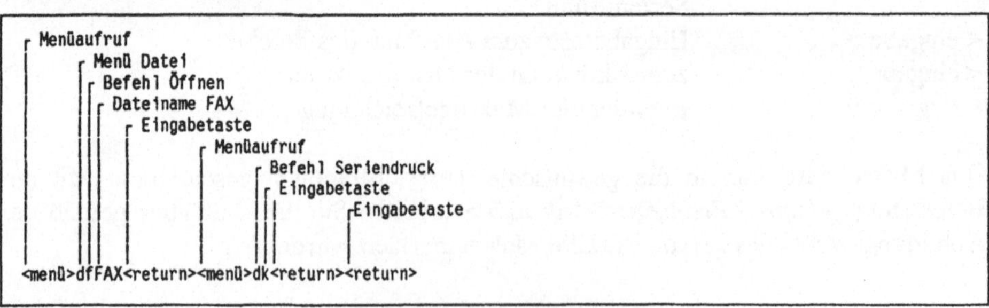

Abb. 76: Beschreibung des erstellten Makros FAX.MAK

3.9 Beispiel eines mehrspaltigen Dokuments

Der folgende Text beschreibt die einzelnen Bearbeitungsschritte zur Gestaltung eines mehrspaltigen Dokuments mit Absätzen über mehrere Spalten, sowie Grafikeinbindung und Positionierung von Absätzen.

Zunächst wurde mit ***Format - Abschnitt <alt t,b>*** im Dialogfenster der Abschnitt 3-spaltig mit einem Spaltenabstand von 0,5 cm festgelegt. Die folgende Darstellung zeigt den betreffenden Ausschnitt aus der Dialogbox:

```
┌ Spalten ─────────────────────
│ Anzahl:          [3·······]
│ Spaltenabstand:  [0,5 cm  ·]
```

Die Titel, Untertitel und Abbildungen wurden über die Schaltfläche ***Format - Absatz - Position <alt t,a,p>*** auf zwei Spalten ausgedehnt. Abbildung 1 zeigt die Einstellungen auf der Schaltfläche:

Absätze und Grafiken können mit dem Befehl ***Format - Position*** auf dem Dokument genau bestimmt werden, dabei ist es gleichgültig, ob es sich um Text oder eine Grafik handelt.

Die folgenden Absätze wurden durch ***Format - Position -Absatzbreite <alt t,a,p,b>*** auf 2,5 cm Absatzbreite formatiert. Außerdem erhielten die Absätze mit ***Format - Umrandung... - Normal <alt t,u,n>*** einen einfachen Rahmen und über ***<alt t,u,p>*** eine Hintergrundschattierung von 10 %.

Das erste Beispiel zeigt die Wirkung bei ***Format - Absatz - Position - horizontal <alt t,a,p,h>*** **Rechts**

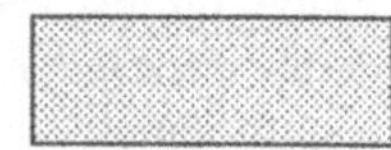

Das zweite Beispiel ist mit ***<alt t,a,p,h>*** **zentriert** formatiert:

Das dritte Beispiel ist mit ***<alt t,a,p,h>*** **links** formatiert:

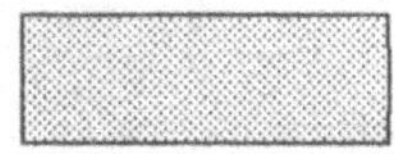

Bei der Gestaltung eines Dokuments ist es besonders wichtig, das Ergebnis der Formatierung jederzeit zu kontrollieren. Mit **<strg> <F9>** erhalten Sie eine **Seitenansicht** der gesamten Druckseite, wobei es nicht möglich ist, den Text zu bearbeiten.

Der Befehl ***Ansicht - Layout <alt a,y>*** zeigt nicht die gesamte Druckseite, dafür können Sie den Text weiter bearbeiten. Sie werden selbst feststellen, daß die Seitenansicht für die Textgestaltung besser geeignet ist.

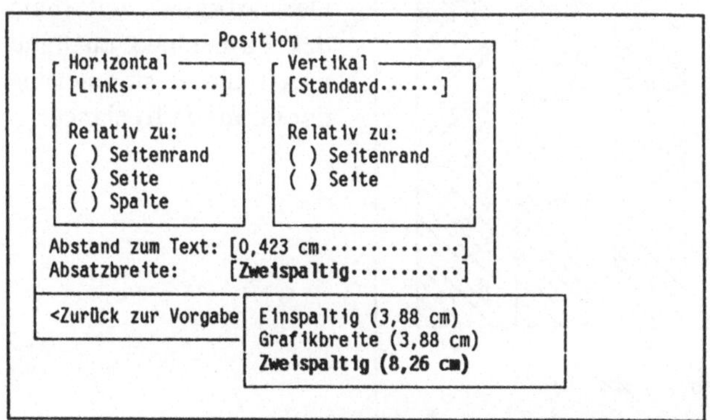

Abb. 1: Positionierung eines Absatzes über 2 Spalten

Der Befehl ***Einfügen*** ermöglicht, Grafiken und Kalkulationstabellen in ein WORD-Dokument einzubinden. Die folgende Grafik wurde mit dem Programm Lotus erstellt und über die Befehlsfolge ***Einfügen - Grafik*** entsprechend der Abbildung 2 einmontiert.

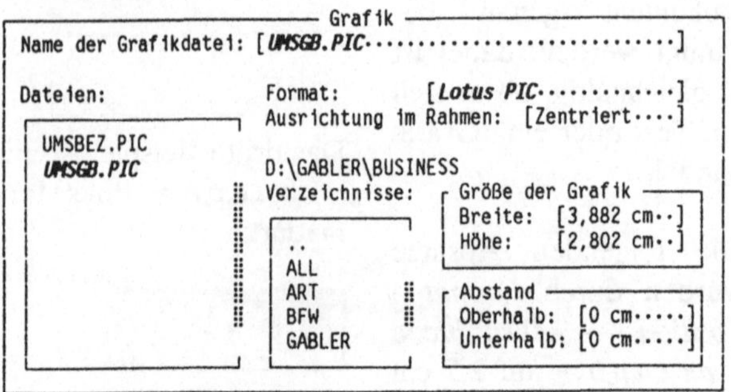

Abb. 2: Einfügen einer Lotus 1-2-3 Grafik in ein Dokument

Der Absatz mit der Grafik wurde zweispaltig formatiert und umrahmt.

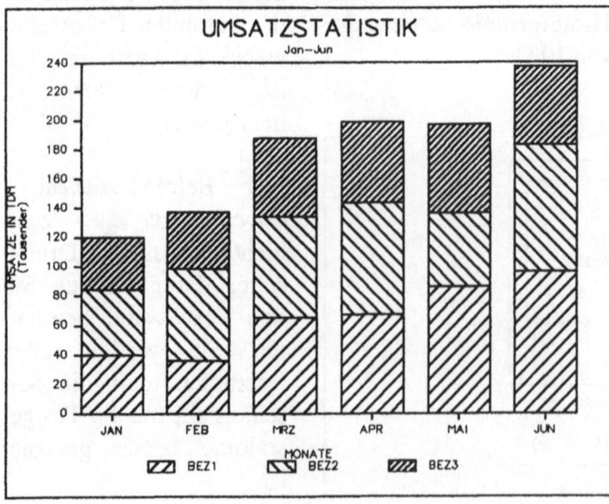

Im Dokument steht folgender Text:

.Z.UMSGB.PIC;8,265 cm;5,968 cm;Lotus PIC

Die Grafik selbst sehen Sie nur bei der Seitenansicht oder beim Druck.

Der Absatz mit der folgenden Lotus-Grafik ist nicht zweispaltig formatiert worden. Die Größe der Grafik wird vom System deshalb automatisch auf die einspaltigen Maße formatiert. In diesem Beispiel wurde keine Umrandung vorgesehen:

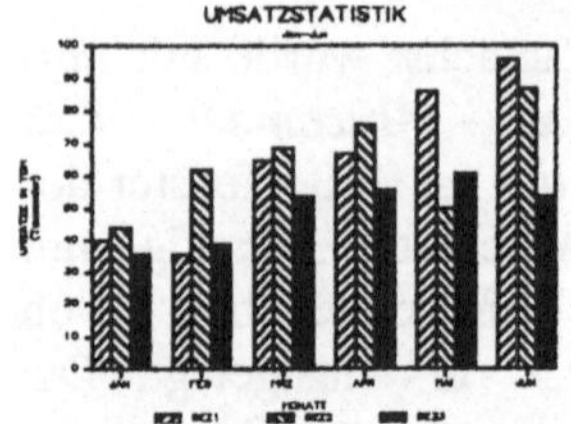

Die folgende Darstellung wurde mit dem Grafikprogramm freelance erstellt und wiederum über die Befehlsfolge ***Einfügen - Grafik*** in den Text eingebunden.

Zahnradfabrik

Der Abstand unterhalb des Firmenlogo entstand durch die Positionierung der Grafik in freelance.

Tastaturcodes

STATUS	BEDEUTUNG	BESCHREIBUNG	EIN-AUS
ER	ERweiterung	Erweiterungstaste beim Markieren	<F8>
ES	EinzelSchritt	Einzelschrittmodus bei Makros	<alt m,u,e>
LZ	LinienZeichne	Zeichnen von Linien	<alt x,l>
LY	Ansicht LaYout	Layoutansicht	<alt a,y>
MA	MakroAufzeichnung	Aufzeichnung eines Tastenmakros	<alt m,a> <strg><F3>
NF	NummernFeststell-taste	Ermöglicht Ziffereingabe über numerische Tastatur	<NumLock>
RF	Rollen-Feststell-	Bewirkt rollierenden Bildlauf	<rollenfestestell-taste>
SM	SpaltenMarkierung	Markierung von Spalten	<strg>+ <umschalttaste>+ <F8>
ÜA	ÜberArbeiten	Kennzeichnung von Textstellen zur Überarbeitung	<alt x,ü>
ÜB	ÜBerschreibmodus	Überschreiben von Texten	<einfg>
UF	UmschaltFeststell-taste	Dauereingabe von Großbuchstaben	<umschalttaste>
VB	VollBild	Fenstausdehnung auf Vollbild	<strg><F10>

1 - 1 ASCII-Code: 0 bis 127 in sechs Darstellungen: Grafikzeichen, Dezimal (D), Strg (^) bzw. Text("), Oktal (O), Hexadezimal (H), Binär (B)

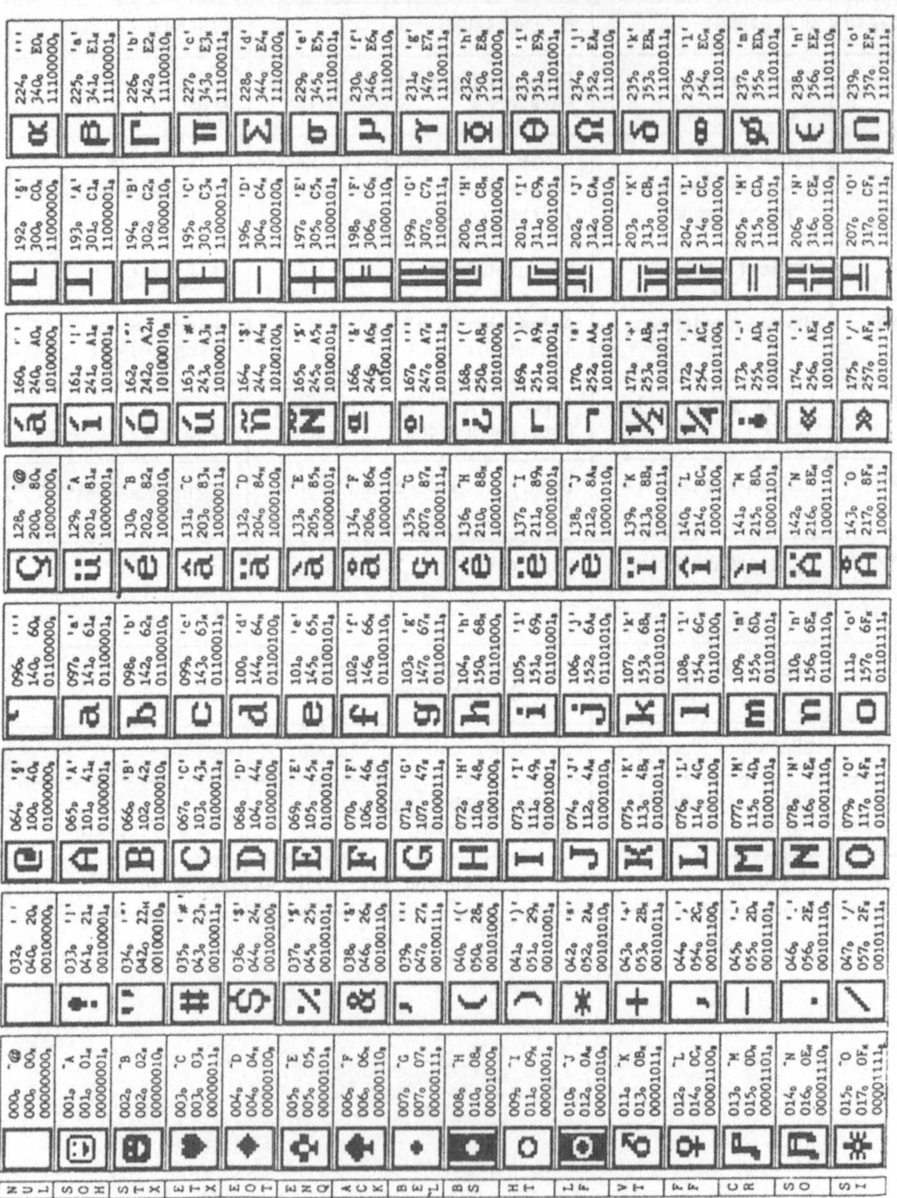

NUL	000 ^@ 000 00 00000000	032 ' ' 040 20 00100000	@ 064 '§' 100 40 01000000	` 096 ''' 140 60 01100000	Ç 128 ^@ 200 80 10000000	á 160 ' ' 240 A0 10100000	└ 192 '§' 300 C0 11000000	α 224 ''' 340 E0 11100000
SOH	☺ 001 ^A 001 01 00000001	! 033 '!' 041 21 00100001	A 065 'A' 101 41 01000001	a 097 'a' 141 61 01100001	ü 129 ^A 201 81 10000001	í 161 '!' 241 A1 10100001	┴ 193 'A' 301 C1 11000001	ß 225 'a' 341 E1 11100001
STX	☻ 002 ^B 002 02 00000010	" 034 '"' 042 22 00100010	B 066 'B' 102 42 01000010	b 098 'b' 142 62 01100010	é 130 ^B 202 82 10000010	ó 162 '"' 242 A2 10100010	┬ 194 'B' 302 C2 11000010	Γ 226 'b' 342 E2 11100010
ETX	♥ 003 ^C 003 03 00000011	# 035 '#' 043 23 00100011	C 067 'C' 103 43 01000011	c 099 'c' 143 63 01100011	â 131 ^C 203 83 10000011	ú 163 '#' 243 A3 10100011	├ 195 'C' 303 C3 11000011	π 227 'c' 343 E3 11100011
EOT	♦ 004 ^D 004 04 00000100	$ 036 '$' 044 24 00100100	D 068 'D' 104 44 01000100	d 100 'd' 144 64 01100100	ä 132 ^D 204 84 10000100	ñ 164 '$' 244 A4 10100100	─ 196 'D' 304 C4 11000100	Σ 228 'd' 344 E4 11100100
ENQ	♣ 005 ^E 005 05 00000101	% 037 '%' 045 25 00100101	E 069 'E' 105 45 01000101	e 101 'e' 145 65 01100101	à 133 ^E 205 85 10000101	Ñ 165 '%' 245 A5 10100101	┼ 197 'E' 305 C5 11000101	σ 229 'e' 345 E5 11100101
ACK	♠ 006 ^F 006 06 00000110	& 038 '&' 046 26 00100110	F 070 'F' 106 46 01000110	f 102 'f' 146 66 01100110	å 134 ^F 206 86 10000110	ª 166 '&' 246 A6 10100110	╞ 198 'F' 306 C6 11000110	µ 230 'f' 346 E6 11100110
BEL	• 007 ^G 007 07 00000111	' 039 ''' 047 27 00100111	G 071 'G' 107 47 01000111	g 103 'g' 147 67 01100111	ç 135 ^G 207 87 10000111	º 167 ''' 247 A7 10100111	╟ 199 'G' 307 C7 11000111	τ 231 'g' 347 E7 11100111
BS	◘ 008 ^H 010 08 00001000	(040 '(' 050 28 00101000	H 072 'H' 110 48 01001000	h 104 'h' 150 68 01101000	ê 136 ^H 210 88 10001000	¿ 168 '(' 250 A8 10101000	╚ 200 'H' 310 C8 11001000	Φ 232 'h' 350 E8 11101000
HT	○ 009 ^I 011 09 00001001	) 041 ')' 051 29 00101001	I 073 'I' 111 49 01001001	i 105 'i' 151 69 01101001	ë 137 ^I 211 89 10001001	⌐ 169 ')' 251 A9 10101001	╔ 201 'I' 311 C9 11001001	Θ 233 'i' 351 E9 11101001
LF	◙ 010 ^J 012 0A 00001010	* 042 '*' 052 2A 00101010	J 074 'J' 112 4A 01001010	j 106 'j' 152 6A 01101010	è 138 ^J 212 8A 10001010	¬ 170 '*' 252 AA 10101010	╩ 202 'J' 312 CA 11001010	Ω 234 'j' 352 EA 11101010
VT	♂ 011 ^K 013 0B 00001011	+ 043 '+' 053 2B 00101011	K 075 'K' 113 4B 01001011	k 107 'k' 153 6B 01101011	ï 139 ^K 213 8B 10001011	½ 171 '+' 253 AB 10101011	╦ 203 'K' 313 CB 11001011	δ 235 'k' 353 EB 11101011
FF	♀ 012 ^L 014 0C 00001100	, 044 ',' 054 2C 00101100	L 076 'L' 114 4C 01001100	l 108 'l' 154 6C 01101100	î 140 ^L 214 8C 10001100	¼ 172 ',' 254 AC 10101100	╠ 204 'L' 314 CC 11001100	∞ 236 'l' 354 EC 11101100
CR	♪ 013 ^M 015 0D 00001101	- 045 '-' 055 2D 00101101	M 077 'M' 115 4D 01001101	m 109 'm' 155 6D 01101101	ì 141 ^M 215 8D 10001101	¡ 173 '-' 255 AD 10101101	═ 205 'M' 315 CD 11001101	φ 237 'm' 355 ED 11101101
SO	♫ 014 ^N 016 0E 00001110	. 046 '.' 056 2E 00101110	N 078 'N' 116 4E 01001110	n 110 'n' 156 6E 01101110	Ä 142 ^N 216 8E 10001110	« 174 '.' 256 AE 10101110	╬ 206 'N' 316 CE 11001110	ε 238 'n' 356 EE 11101110
SI	☼ 015 ^O 017 0F 00001111	/ 047 '/' 057 2F 00101111	O 079 'O' 117 4F 01001111	o 111 'o' 157 6F 01101111	Å 143 ^O 217 8F 10001111	» 175 '/' 257 AF 10101111	╧ 207 'O' 317 CF 11001111	∩ 239 'o' 357 EF 11101111

1 - 1 ASCII-Code: 128 bis 255 in sechs Darstellungen: Grafikzeichen, Dezimal (D), Strg (^) bzw. Text("), Oktal (O), Hexadezimal (H), Binär (B)

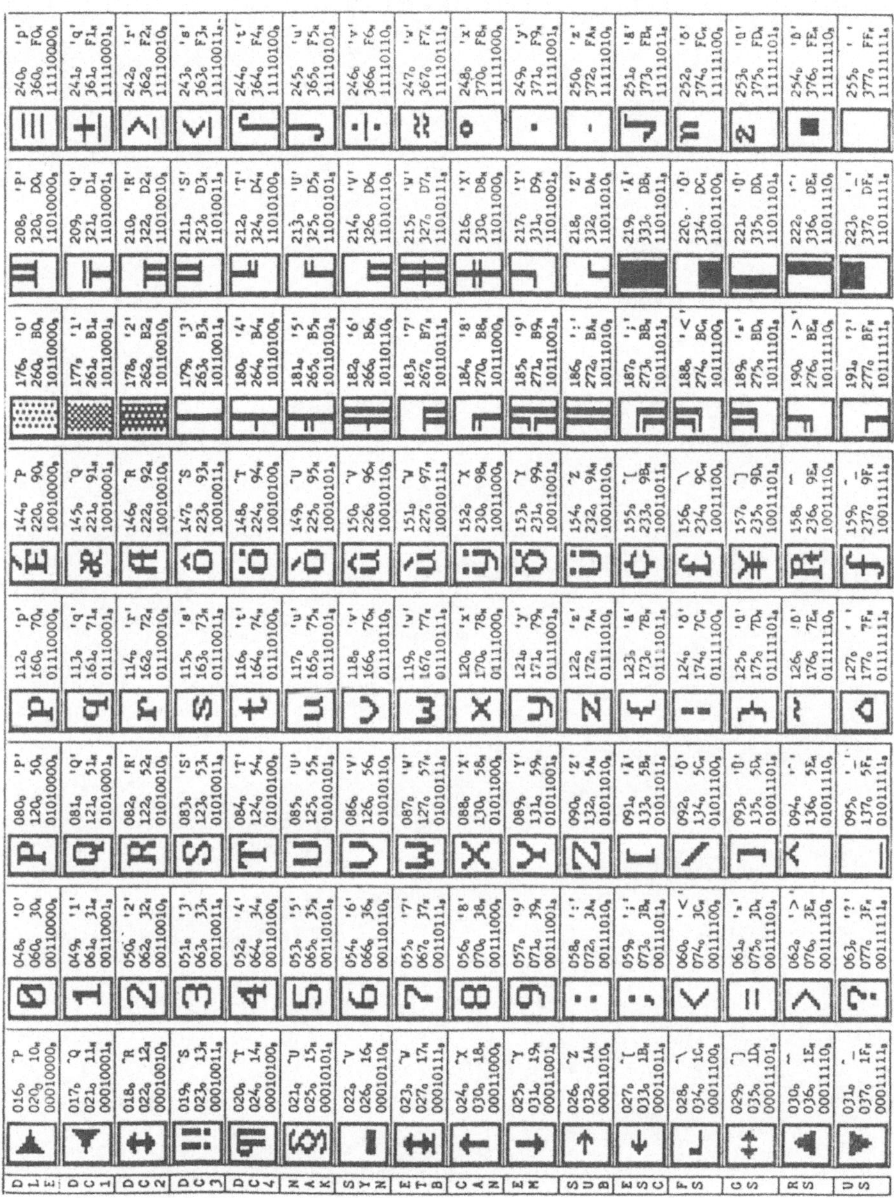

	Grafik	D	Strg/Text	O	H	B
DLE	►	016_D	^P	020_O	10_H	00010000_B
DC1	◄	017_D	^Q	021_O	11_H	00010001_B
DC2	↕	018_D	^R	022_O	12_H	00010010_B
DC3	‼	019_D	^S	023_O	13_H	00010011_B
DC4	¶	020_D	^T	024_O	14_H	00010100_B
NAK	§	021_D	^U	025_O	15_H	00010101_B
SYN	▬	022_D	^V	026_O	16_H	00010110_B
ETB	↨	023_D	^W	027_O	17_H	00010111_B
CAN	↑	024_D	^X	030_O	18_H	00011000_B
EM	↓	025_D	^Y	031_O	19_H	00011001_B
SUB	→	026_D	^Z	032_O	$1A_H$	00011010_B
ESC	←	027_D	^[	033_O	$1B_H$	00011011_B
FS	∟	028_D	^\	034_O	$1C_H$	00011100_B
GS	↔	029_D	^]	035_O	$1D_H$	00011101_B
RS	▲	030_D	^^	036_O	$1E_H$	00011110_B
US	▼	031_D	^_	037_O	$1F_H$	00011111_B
	0	048_D	'0'	060_O	30_H	00110000_B
	1	049_D	'1'	061_O	31_H	00110001_B
	2	050_D	'2'	062_O	32_H	00110010_B
	3	051_D	'3'	063_O	33_H	00110011_B
	4	052_D	'4'	064_O	34_H	00110100_B
	5	053_D	'5'	065_O	35_H	00110101_B
	6	054_D	'6'	066_O	36_H	00110110_B
	7	055_D	'7'	067_O	37_H	00110111_B
	8	056_D	'8'	070_O	38_H	00111000_B
	9	057_D	'9'	071_O	39_H	00111001_B
	:	058_D	':'	072_O	$3A_H$	00111010_B
	;	059_D	';'	073_O	$3B_H$	00111011_B
	<	060_D	'<'	074_O	$3C_H$	00111100_B
	=	061_D	'='	075_O	$3D_H$	00111101_B
	>	062_D	'>'	076_O	$3E_H$	00111110_B
	?	063_D	'?'	077_O	$3F_H$	00111111_B
	P	080_D	'P'	120_O	50_H	01010000_B
	Q	081_D	'Q'	121_O	51_H	01010001_B
	R	082_D	'R'	122_O	52_H	01010010_B
	S	083_D	'S'	123_O	53_H	01010011_B
	T	084_D	'T'	124_O	54_H	01010100_B
	U	085_D	'U'	125_O	55_H	01010101_B
	V	086_D	'V'	126_O	56_H	01010110_B
	W	087_D	'W'	127_O	57_H	01010111_B
	X	088_D	'X'	130_O	58_H	01011000_B
	Y	089_D	'Y'	131_O	59_H	01011001_B
	Z	090_D	'Z'	132_O	$5A_H$	01011010_B
	[	091_D	'Ä'	133_O	$5B_H$	01011011_B
	\	092_D	'Ö'	134_O	$5C_H$	01011100_B
	]	093_D	'Ü'	135_O	$5D_H$	01011101_B
	^	094_D	'^'	136_O	$5E_H$	01011110_B
	_	095_D	'_'	137_O	$5F_H$	01011111_B
	p	112_D	'p'	160_O	70_H	01110000_B
	q	113_D	'q'	161_O	71_H	01110001_B
	r	114_D	'r'	162_O	72_H	01110010_B
	s	115_D	's'	163_O	73_H	01110011_B
	t	116_D	't'	164_O	74_H	01110100_B
	u	117_D	'u'	165_O	75_H	01110101_B
	v	118_D	'v'	166_O	76_H	01110110_B
	w	119_D	'w'	167_O	77_H	01110111_B
	x	120_D	'x'	170_O	78_H	01111000_B
	y	121_D	'y'	171_O	79_H	01111001_B
	z	122_D	'z'	172_O	$7A_H$	01111010_B
	{	123_D	'ä'	173_O	$7B_H$	01111011_B
	¦	124_D	'ö'	174_O	$7C_H$	01111100_B
	}	125_D	'ü'	175_O	$7D_H$	01111101_B
	~	126_D	'ß'	176_O	$7E_H$	01111110_B
	⌂	127_D	' '	177_O	$7F_H$	01111111_B
	É	144_D	^P	220_O	90_H	10010000_B
	æ	145_D	^Q	221_O	91_H	10010001_B
	Æ	146_D	^R	222_O	92_H	10010010_B
	ô	147_D	^S	223_O	93_H	10010011_B
	ö	148_D	^T	224_O	94_H	10010100_B
	ò	149_D	^U	225_O	95_H	10010101_B
	û	150_D	^V	226_O	96_H	10010110_B
	ù	151_D	^W	227_O	97_H	10010111_B
	ÿ	152_D	^X	230_O	98_H	10011000_B
	Ö	153_D	^Y	231_O	99_H	10011001_B
	Ü	154_D	^Z	232_O	$9A_H$	10011010_B
	¢	155_D	^[	233_O	$9B_H$	10011011_B
	£	156_D	^\	234_O	$9C_H$	10011100_B
	¥	157_D	^]	235_O	$9D_H$	10011101_B
	₧	158_D	^^	236_O	$9E_H$	10011110_B
	ƒ	159_D	^_	237_O	$9F_H$	10011111_B
	░	176_D	'0'	260_O	$B0_H$	10110000_B
	▒	177_D	'1'	261_O	$B1_H$	10110001_B
	▓	178_D	'2'	262_O	$B2_H$	10110010_B
	│	179_D	'3'	263_O	$B3_H$	10110011_B
	┤	180_D	'4'	264_O	$B4_H$	10110100_B
	╡	181_D	'5'	265_O	$B5_H$	10110101_B
	╢	182_D	'6'	266_O	$B6_H$	10110110_B
	╖	183_D	'7'	267_O	$B7_H$	10110111_B
	╕	184_D	'8'	270_O	$B8_H$	10111000_B
	╣	185_D	'9'	271_O	$B9_H$	10111001_B
	║	186_D	':'	272_O	BA_H	10111010_B
	╗	187_D	';'	273_O	BB_H	10111011_B
	╝	188_D	'<'	274_O	BC_H	10111100_B
	╜	189_D	'='	275_O	BD_H	10111101_B
	╛	190_D	'>'	276_O	BE_H	10111110_B
	┐	191_D	'?'	277_O	BF_H	10111111_B
	╨	208_D	'P'	320_O	$D0_H$	11010000_B
	╤	209_D	'Q'	321_O	$D1_H$	11010001_B
	╥	210_D	'R'	322_O	$D2_H$	11010010_B
	╙	211_D	'S'	323_O	$D3_H$	11010011_B
	╘	212_D	'T'	324_O	$D4_H$	11010100_B
	╒	213_D	'U'	325_O	$D5_H$	11010101_B
	╓	214_D	'V'	326_O	$D6_H$	11010110_B
	╫	215_D	'W'	327_O	$D7_H$	11010111_B
	╪	216_D	'X'	330_O	$D8_H$	11011000_B
	┘	217_D	'Y'	331_O	$D9_H$	11011001_B
	┌	218_D	'Z'	332_O	DA_H	11011010_B
	█	219_D	'Ä'	333_O	DB_H	11011011_B
	▄	220_D	'Ö'	334_O	DC_H	11011100_B
	▌	221_D	'Ü'	335_O	DD_H	11011101_B
	▐	222_D	'^'	336_O	DE_H	11011110_B
	▀	223_D	'_'	337_O	DF_H	11011111_B
	≡	240_D	'p'	360_O	$F0_H$	11110000_B
	±	241_D	'q'	361_O	$F1_H$	11110001_B
	≥	242_D	'r'	362_O	$F2_H$	11110010_B
	≤	243_D	's'	363_O	$F3_H$	11110011_B
	⌠	244_D	't'	364_O	$F4_H$	11110100_B
	⌡	245_D	'u'	365_O	$F5_H$	11110101_B
	÷	246_D	'v'	366_O	$F6_H$	11110110_B
	≈	247_D	'w'	367_O	$F7_H$	11110111_B
	°	248_D	'x'	370_O	$F8_H$	11111000_B
	∙	249_D	'y'	371_O	$F9_H$	11111001_B
	·	250_D	'z'	372_O	FA_H	11111010_B
	√	251_D	'ä'	373_O	FB_H	11111011_B
	ⁿ	252_D	'ö'	374_O	FC_H	11111100_B
	²	253_D	'ü'	375_O	FD_H	11111101_B
	■	254_D	'ß'	376_O	FE_H	11111110_B
		255_D	' '	377_O	FF_H	11111111_B

Sonstige

A

B

C

D

E

L

M

N

O

P

Q

R

S

T